药品流通管理研究

孟高飞　张丽媛　王芳　著

延边大学出版社

图书在版编目（CIP）数据

药品流通管理研究 / 孟高飞，张丽媛，王芳著. --
延吉：延边大学出版社，2022.8
ISBN 978-7-230-03522-4

Ⅰ.①药… Ⅱ.①孟… ②张… ③王… Ⅲ.①药品－
商品流通－流通管理－研究－中国 Ⅳ.①F724.73

中国版本图书馆CIP数据核字(2022)第147297号

药品流通管理研究

著　　者：孟高飞　张丽媛　王　芳	
责任编辑：董　强	
封面设计：李金艳	
出版发行：延边大学出版社	
社　　址：吉林省延吉市公园路977号	邮　　编：133002
网　　址：http://www.ydcbs.com	E-mail：ydcbs@ydcbs.com
电　　话：0433-2732435	传　　真：0433-2732434
印　　刷：英格拉姆印刷(固安)有限公司	
开　　本：710×1000　1/16	
印　　张：13	
字　　数：200 千字	
版　　次：2022 年 8 月 第 1 版	
印　　次：2023 年 1 月 第 1 次印刷	
书　　号：ISBN 978-7-230-03522-4	

定价：68.00元

前　言

市场交换的核心是商品流通，商品在交易对手之间的交换就构成了商品流通。通常认为，商品流通是指商品或服务从生产领域向消费领域转移的过程。尽管药品是特殊商品，其生产流通具有一定的特殊性，但与其他商品一样，药品从生产者到达消费者大多借助于市场的力量。

药品流通环节是保证安全、有效、质量均一的药品到达消费者手中的重要阶段，国家必须通过一定的法律制度与政策措施来对药品的流通实行监督管理，从而保证药品流通市场的稳定有序，维护人民合法用药的权利。《药品经营质量管理规范》就是针对药品采购、收货验收、储存、销售及售后服务等环节而制定的保证药品符合质量标准的一项管理制度。

本书结合《药品经营质量管理规范》，首先论述了药品流通管理的基本知识、药品经营企业的组织机构与人员、设施与设备管理，其次论述了药品在采购、收货与验收、储存与养护、销售与售后、出库与运输配送等环节的管理措施，最后论述了药品质量体系与质量风险管理，让人们对药品流通管理有了一定的认识。

笔者在编写本书过程中，参考和借鉴了一些医药学专家的观点及论著，在此向他们表示深深的感谢。

由于笔者水平有限，书中难免有不足之处，希望各位专家和读者能够提出宝贵意见，以待进一步修改，使之更加完善。

笔者
2022 年 5 月

目　　录

第一章　药品流通管理概述 1

第一节　药品流通概述 1

第二节　药品流通的监督管理 7

第三节　药品经营质量管理规范 12

第二章　药品经营企业的组织机构与人员 17

第一节　药品经营企业的组织机构的设置 17

第二节　人员资质要求 25

第三章　设施与设备管理 30

第一节　设施设备类别与配备的原则 30

第二节　仓库的选址与布局 40

第三节　设施设备的管理 47

第四章　药品采购管理 51

第一节　药品采购概述 51

第二节　采购合同管理 57

第三节　药品分类采购 62

第四节　发票、采购记录管理以及进货情况质量评审 66

1

第五章 药品的收货与验收管理 ... 71

第一节 药品收货与验收的概念与程序 ... 71

第二节 验收的方法与记录 ... 76

第三节 验收的主要内容 ... 79

第四节 药品的入库管理 ... 87

第六章 药品的储存与养护管理 ... 91

第一节 原料药的储存与养护管理 ... 91

第二节 散剂（附颗粒剂）的储存与养护管理 ... 93

第三节 片剂的储存与养护管理 ... 98

第四节 胶囊剂的储存与养护管理 ... 103

第五节 注射剂的储存与养护管理 ... 107

第六节 糖浆剂的储存与养护管理 ... 115

第七节 栓剂的储存与养护管理 ... 120

第八节 软膏剂、乳膏剂、糊剂和眼用半固体制剂的
储存与养护管理 ... 125

第七章 药品的销售与售后管理 ... 133

第一节 药品销售管理 ... 133

第二节 药品售后管理 ... 143

第三节 药品不良反应报告制度 ... 152

第四节 药品广告与宣传 ... 155

第八章 药品的出库与运输配送管理 ... 162

第一节 药品的出库管理 ... 162

第二节 药品的运输与配送管理 ... 169

第九章 药品质量管理体系与质量风险管理 ... 179

第一节 药品质量管理体系 ... 179

第二节 药品质量风险管理 ... 189

参考文献 ... 198

第一章　药品流通管理概述

第一节　药品流通概述

药品是一种特殊的商品，药品流通是在一系列的特殊管理条件下进行的经营活动。药品经营是在市场经济条件下，以货币为媒介，经药品监督管理部门批准，具有一定的经营场所和经营范围，经规范认证后，从事的药品经营活动。

一、药品流通的概念

药品流通是指药品从生产企业到批发企业，再到零售企业或医疗机构，最终到用药者手中的全过程，该过程历经药品的储存、运输、销售等环节。在整个流通过程中，必须按照相关法律法规的要求，对药品的质量进行控制，保证药品在流通过程中的安全有效。

药品经营监督管理是指药品监督管理行政机关依照法律法规的授权，依据相关法律法规的规定，对药品的流通环节进行管理的过程。

二、药品流通的渠道与影响因素

（一）药品流通渠道的概念

药品的流通离不开市场，药品流通渠道是药品在市场上流动的通路，是药品流通的媒介。药品流通渠道又称药品经营渠道，是指药品从生产企业转移至消费者所经历的过程，以及具有相应硬件、软件、人员的市场营销机构。在此过程中，药品生产者是渠道的起点，患者是购买药品的终点。在整个销售通路中，除了生产者、使用者，还有参与销售或帮助销售的机构或个人，包括医药批发企业、医药零售企业、医疗机构、代理销售企业、生产企业销售团队等，它们都具有很强的专业性。

（二）药品流通渠道的类型

药品流通渠道大体可以分为药品直营式经营渠道、药品批发式经营渠道、药品代理式经营渠道、药品网络式经营渠道等类型。

1.药品直营式经营渠道

药品直营式经营渠道也称直销渠道，由药品生产者直接将药品销售给使用者。药品生产企业通过自己的销售公司销售药品给医院、诊所和药店。这种直销方式既增加了透明度，避免了虚高定价，使消费者知道药品的合理价格，又降低了药品零售利润，让利于消费者。

2.药品批发式经营渠道

这是传统的药品经营渠道模式，它由药品生产企业将药品销售给批发商，再由批发商销售给医院、诊所和药店，这是药品生产企业通常使用的销售方式。按不同级别还可以分为一级批发、二级批发、三级批发等。

3.药品代理式经营渠道

药品代理式经营渠道是指产销双方在平等互利的基础上,通过契约或合同方式达成共识,委托代理商,代理商按委托方意愿,在我国一定区域范围内获得唯一授权,全权经销药品生产企业产品的某个品种或数个品种。根据签署区域范围不同,可以分为全国总代理商、区域独家代理商、多家代理制等。多家代理制是指在一个较大市场或者较大区域内,选择两家以上的代理商,由它们去"布点",形成销售网络。这是当前国内药品市场上使用较多的一种代理经营渠道。

4.药品网络式经营渠道

药品网络式经营渠道是指通过互联网提供药品交易服务的经营渠道。相对于传统渠道,药品网络销售渠道可以快速实现信息流、资金流及物流的有效结合,提高工作效率和经济效益,并能够缩短中间环节,增加透明度,降低运营成本。其是真正意义上的医药电子商务经营渠道,可以实现医药生产商、代理商、物流和医院的直接对接。

此外,按照终端经营渠道,药品流通渠道可分为医院终端经营渠道、零售终端经营渠道、社区医疗机构终端经营渠道、农村医疗机构终端经营渠道等。

(三)药品流通渠道的影响因素

1.政策环境

国家的人口政策、医疗保障制度、国家基本药物制度、医改相关政策与规定、药物招标政策、新药研发相关政策、国家基本药物临床应用指南、抗菌药物临床应用指导原则、特殊药品管理制度等,都将直接影响药品经营渠道。

2.经济环境

经济环境是影响医药企业市场营销活动的主要因素,它主要包括经济发展阶段、地区发展状况、货币流通状况、收入因素及消费结构等。医药企业经济环境主要是指社会购买力,影响社会购买力水平的因素主要有消费者的收入、支出等因素,其中消费者的收入水平是影响医药企业市场营销的重要因素。

3.科学技术

科学技术不仅直接影响医药企业内部的生产和经营,还与其他环境因素(特别是与经济环境、文化环境的关系更为紧密)相互依赖、相互作用,尤其是新技术革命,既给医药企业的市场营销不断创造机会,又带来新的威胁。例如,计算机的应用、先进物流技术的引进、药品新剂型的开发等对医药企业经营管理、医药物流、市场营销策略等均产生了深远的影响。

4.自然环境

自然环境是指影响医药企业生产和经营的物质因素。自然环境的发展变化,如某些中药资源的紧缺、环境污染等,会给医药企业造成一些"环境威胁",或创造一些"市场机会",所以医药企业要不断分析和认识自然环境变化的趋势,避免由自然环境变化所带来的威胁,尽可能地抓住自然环境变化所带来的机会。

5.社会文化环境

社会文化影响并制约着人们的思想和行为,包括对疾病的看法和治疗行为,这一点在医药市场体现得尤为突出,其中比较典型的就是中国传统的中医药。医药企业的营销管理者应该清楚地认识到,中药走向世界的任务还相当艰巨,要使中药真正走向世界,必须伴有中医走向世界,没有这个前提,中药走向世界就只能是局部的、个别的。

6.药品销售服务

销售服务能否做到在适当的时机、适当的场合,以适当的品种和数量,合理的价格和安全有效的药品来满足人们对医疗保障的需求，将对药品市场营销产生直接影响。广告宣传、价格定位、市场供需保障、药品配送能力等也会对药品营销产生一定的影响。

三、药品流通企业发展概况

（一）计划经济时期（20世纪50年代初至70年代末）

我国传统医药站始建于20世纪50年代初，当时药品紧缺，产品供不应求，实行的是计划经济。国家出于宏观调控、合理分配药品资源的目的，在北京、广州、上海、天津和沈阳五个制药企业相对集中的城市成立了一级药品采购供应站，并由当时全国医药商业行政主管单位——中国医药公司管理。同时，在其他地级市和县（市）设立二级和三级批发站，药品供应的唯一渠道就是由各级医药站层层下达指标、层层调拨。

（二）改革开放初期（20世纪80年代初至90年代末）

该时期，中国开始从计划经济向市场经济转型，特别是到了20世纪90年代，医药商业管理体制发生了一系列深刻的变化。购销政策放开，企业自主权扩大，逐步形成了一个开放式、多渠道、少环节和跨地区、跨层次收购供应的市场格局。政策的放开使得流通领域的医药企业迅速增加，一些贸易公司和其他行业的企业也加入药品批发行列，原国有医药企业的集体化和个人化对国有医药站的冲击很大，当时全国医药批发企业由计划经济时期的2 000家迅速发展到17 000余家，流通领域内的无序竞争和过度竞争使整个医药行业面临困境。

(三）规范化时期（21 世纪以来）

2000 年以后，医药市场化进程加快，医药市场成了真正的买方市场。为了规范药品流通市场，加强药品经营质量管理，保证公众用药安全、有效，国家出台了一系列法律、法规。2000 年 4 月 30 日，国家药品监督管理局颁布了《药品经营质量管理规范》（GSP），该规范在总结以往药品质量管理法规对药品经营企业要求内容的基础上，从机构与人员、硬件、软件等方面对药品经营企业的质量管理工作进行了具体规定。但是，随着药品经营市场的不断发展，2000 年版的 GSP 具有明显不足。2012 年 11 月 6 日，卫生部（现国家卫健委）第一次修订了《药品经营质量管理规范》，自 2013 年 6 月 1 日起施行。2015 年 5 月 18 日，国家食品药品监督管理总局（现国家市场监督管理总局）局务会议第二次修订。2016 年 6 月 30 日，国家食品药品监督管理总局局务会议通过了《关于修改〈药品经营质量管理规范〉的决定》，并于 2016 年 7 月 20 日发布，即现行版 GSP。

截至 2021 年 6 月底，全国共有药品经营许可证持证企业 59.89 万家。其中，批发企业 1.33 万家，零售连锁总部 6 619 家，零售连锁门店 32.96 万家，单体药店 24.94 万家。

第二节 药品流通的监督管理

一、药品经营企业的分类及其经营范围

药品经营企业，是指经营药品的专营企业或兼营企业。药品经营方式，是指药品批发和药品零售，根据经营方式，药品经营企业分为批发企业和零售企业。类别不同，经营范围也不同。

（一）药品批发企业

1. 药品批发企业的概念

药品批发企业是指将购进的药品销售给药品生产企业、药品经营企业、医疗机构的药品经营企业。药品批发企业在药品流通环节承担着主要作用，是药品流转的主要通路，只能将药品销售给具有相应合法资质的药品生产、经营企业和医疗机构，不得将药品销售给不具有合法资质的单位或个人。

2. 药品批发企业许可经营范围

药品批发企业的药品经营许可证许可经营范围包括中药材、中药饮片、中成药、化学原料药及其制剂、抗生素原料药及其制剂、生化药品、诊断药品、医疗用毒性药品、麻醉药品、精神药品、放射性药品和预防性生物制品。经营特殊管理的药品（医疗用毒性药品、麻醉药品、精神药品、放射性药品和预防性生物制品）必须按照国家特殊药品管理和预防性生物制品管理的有关规定，取得相关许可批准文件。

（二）药品零售企业

1.药品零售企业的概念

药品零售企业是指将购进的药品直接销售给消费者的药品经营企业。药品零售企业包括零售药店、药品零售企业在超市以及边远地区城乡集贸市场设立的出售乙类非处方药的药品专营柜等。

药品零售连锁企业是指经营同类药品、使用统一商号的若干个门店，在同一总部的管理下，采取统一采购配送、统一质量标准、采购同销售分离，实行规模化管理经营的组织形式。药品零售连锁企业应由总部、配送中心和若干个门店构成。总部是连锁企业经营管理的核心，配送中心是连锁企业的物流机构，门店是连锁企业的基础，承担日常零售业务。跨地域开办时可设立分部。配送中心是该连锁企业的服务机构，只准向该企业连锁范围内的门店进行配送，不得对该企业外部进行批发、零售。

2.药品零售企业许可经营范围

药品零售企业的药品经营许可证许可经营范围包括中药材、中药饮片、中成药、化学药制剂、抗生素制剂、生化药品、诊断药品、生物制品（除疫苗）。

按照《药品经营许可证管理办法》规定，从事药品零售的，应先核定经营类别，确定申办人经营处方药或非处方药、乙类非处方药的资格，并在经营范围中予以明确，再核定具体经营范围。

二、药品流通环节的监督管理

为加强药品监督管理，规范药品流通秩序，保证药品质量，根据《中华人民共和国药品管理法》《中华人民共和国药品管理法实施条例》和有关法律、法规的规定，国家颁布了《药品流通监督管理办法》，自2007年5月1日起施行。《药品流通监督管理办法》规定，药品生产、经营企业、医疗机构应当对其生产、经营、使用的药品质量负责；同时对药品生产、经营企业购销药品，医疗机构购进、储存药品作了详细规定，这标志着我国药品流通环节在监督管理上更加趋于合理、规范。

（一）药品生产、经营企业购销药品的监督管理

第一，药品生产、经营企业对人员和机构的要求及责任主要有以下几点：①药品生产、经营企业对其药品购销行为负责，对其销售人员或设立的办事机构以本企业名义从事的药品购销行为承担法律责任。②对其购销人员进行药品相关的法律、法规和专业知识培训，建立培训档案，培训档案中应当记录培训时间、地点、内容及接受培训的人员。③加强对药品销售人员的管理，并对其销售行为作出具体规定。

第二，药品生产、经营企业不得在经药品监督管理部门核准的地址以外的场所储存或者现货销售药品。

第三，药品生产企业、药品批发企业销售药品时应当提供的资料有：①加盖本企业原印章的药品生产许可证或药品经营许可证和营业执照的复印件。②加盖本企业原印章的所销售药品的批准证明文件复印件。③销售进口药品的，按照国家有关规定提供相关证明文件。④加盖本企业原印章的授权书复印件（授权书原件应当载明授权销售的品种、地域、期限，注明销售人员的身份证号码，并加盖本企业原印章和企业法定代表人印章或者签名），销售人员应当出示授权书原件及本人身份证原件，供药品采购方核实。

第四，药品生产企业只能销售本企业生产的药品，不得销售本企业受委托生产的或者他人生产的药品。未经药品监督管理部门审核同意，药品经营企业不得改变经营方式。药品经营企业应当按照药品经营许可证许可的经营范围经

营药品。

第五，药品生产企业、药品批发企业销售药品时，应当开具标明供货单位名称、药品名称、生产厂商、批号、数量、价格等内容的销售凭证。药品生产、经营企业采购药品时，应按规定索取、查验、留存供货企业有关证件、资料，按规定索取、留存销售凭证。

第六，药品生产、经营企业不得从事的经营活动有：①药品生产、经营企业知道或者应当知道他人从事无证生产、经营药品行为的，不得为其提供药品。②药品生产、经营企业不得为他人以本企业的名义经营药品提供场所、资质证明文件或者票据等便利条件。③药品生产、经营企业不得以展示会、博览会、交易会、订货会、产品宣传会等方式现货销售药品。④药品经营企业不得购进和销售医疗机构配制的制剂。⑤药品生产、经营企业不得以搭售、买药品赠药品、买商品赠药品等方式向公众赠送处方药或者甲类非处方药。⑥药品生产、经营企业不得采用邮售、互联网交易等方式直接向公众销售处方药。⑦禁止非法收购药品。

第七，药品零售企业应当按照国家药品监督管理部门药品分类管理规定的要求，凭处方销售处方药。经营处方药和甲类非处方药的药品零售企业，执业药师或者其他依法经资格认定的药学技术人员不在岗时，应当挂牌告知，并停止销售处方药和甲类非处方药。

第八，药品说明书要求低温、冷藏储存的药品，药品生产、经营企业应当按照有关规定，使用低温、冷藏设施设备运输和储存。

（二）医疗机构购进、储存药品的监督管理

第一，医疗机构设置的药房，应当具有与所使用药品相适应的场所、设备、仓储设施和卫生环境，配备相应的药学技术人员，并设立药品质量管理机构或者配备质量管理人员，建立药品保管制度。

第二，医疗机构购进药品时，应当按规定索取、查验、保存供货企业有关证件、资料、票据。

第三，医疗机构购进药品，必须建立并执行进货检查验收制度，并建有真实完整的药品购进记录。药品购进记录必须注明药品的通用名称、生产厂商（中药材标明产地）、剂型、规格、批号、生产日期、有效期、批准文号、供货单位、数量、价格、购进日期。

药品购进记录必须保存至超过药品有效期1年，但不得少于3年。

第四，医疗机构储存药品，应当制定和执行有关药品保管、养护的制度，并采取必要的冷藏、防冻、防潮、避光、通风、防火、防虫、防鼠等措施，保证药品质量。医疗机构应当将药品与非药品分开存放；中药材、中药饮片、化学药品、中成药应分别储存、分类存放。

第五，医疗机构不得未经诊疗直接向患者提供药品，不得采用邮售、互联网交易等方式直接向公众销售处方药。

第六，医疗机构以集中招标方式采购药品的，应当遵守《中华人民共和国药品管理法》《中华人民共和国药品管理法实施条例》及《药品流通监督管理办法》的有关规定。

（三）中药材市场的流通监督管理

第一，进入中药材专业市场经营的中药材企业和个体工商户应具备的条件：①具有与所经营的中药材规模相适应的药学技术人员，或有经县级以上药品监督管理管理部门认定的，熟悉并能鉴别所经营中药材药性的人员，了解国家有关法规、中药材商品规格标准和质量标准。②必须依照法定程序取得药品经营许可证和营业执照。③申请在中药材专业市场租用摊位从事自产中药材业务的经营者，必须经所在中药材专业市场管理机构审查批准后，方可经营中药材。④在中药材专业市场从事中药材批发和零售业务的企业和个体工商户，必须遵纪守法，明码标价，照章纳税。个体工商户不得从事药品批发业务。

第二，中药材专业市场应严禁下列药品交易：①需要经过炮制加工的中药饮片；②中成药；③化学原料药及其制剂、抗生素、生化物品、放射性药品、血清疫苗、血液制品、诊断用药和有关医疗器械；④罂粟壳，28 种毒性中药材品种；⑤国家重点保护的 42 种野生动植物药品品种（家种、家养除外）；⑥国家法律、法规明令禁止上市的其他药品。

第三，严禁开办或变相开办各种形式的药品集贸市场。除国家整顿和规范的 17 个中药材专业市场外，禁止开办其他各种中药材市场。对国家已批准设立的中药材专业市场，不符合标准的一律停业整顿，整顿不合格的坚决予以关闭；对集贸市场销售国家禁止销售的中药材、无证销售中药材以外其他药品的，必须坚决依法予以查处。对擅自从非法药品集贸市场上采购药品的单位坚决依法查处。

第三节　药品经营质量管理规范

一、GSP 的含义

Good Supply Practice（GSP），直译为良好的供货规范，在我国即指《药品经营质量管理规范》，它是指在药品流通过程中，针对计划采购、收货验收、储存、销售、运输等环节而制定的保证药品符合质量标准的一项管理制度。其核心是通过严格的管理制度来约束企业的行为,对药品经营全过程进行质量控制,保证向用户提供优质的药品。

GSP 是药品经营管理和质量控制的基本准则,企业应当在药品采购、储存、销售、运输等环节采取有效的质量控制措施,确保药品质量,并按照国家有关要求建立药品追溯系统,实现药品可追溯。药品经营企业应当严格执行本规范。药品生产企业销售药品、药品流通过程中其他涉及储存与运输药品的,也应当符合本规范相关要求。药品经营企业应当坚持诚实守信,依法经营,禁止任何虚假、欺骗行为。

GSP 认证是强制性的技术认证,没有通过 GSP 认证的企业不得从事药品经营。GSP 已经成为衡量一个持证药品经营企业是否具有继续经营药品资格的一道硬杠杆。

二、我国现行 GSP 的主要内容

我国现行的 GSP 共 4 章,184 条。其基本内容如下:

第一章总则,共 4 条。主要阐明了 GSP 制定的依据、目的、适用的客体范围、经营活动的诚信原则。

第二章药品批发的质量管理,分为 14 节,共 115 条。主要内容包括质量管理体系、组织机构与质量管理职责、人员与培训、质量管理体系文件、设施与设备、校准与验证、计算机系统、采购、收货与验收、储存与养护、销售、出库、运输与配送、售后管理。

第三章药品零售的质量管理,分为 8 节,共 58 条。主要内容包括质量管理与职责、人员管理、文件、设施与设备、采购与验收、陈列与储存、销售管理、售后管理。

第四章附则，共 7 条。主要阐述了本规范中用语的含义、本规范的解释权以及实施时间等。

三、我国现行 GSP 的创新点

我国现行 GSP 借鉴国外药品流通管理的先进经验，引入供应链管理理念，提出计算机信息化管理、仓储温湿度自动检测、药品冷链管理等管理要求，同时引入质量风险管理、体系内审、验证等管理方法，体现了当今医药流通行业发展的最新管理水平。现行 GSP 紧跟国际药品流通规范的新理念，紧密围绕国家监管政策发展的要求，进行了较大程度的创新，主要表现在以下几个方面：

第一，实现供应链的全程管理。覆盖到生产、流通环节中所有涉及销售、储存以及运输的活动，有利于实现全过程有效控制。

第二，建立质量风险管理防范机制。在流通管理的采购、销售、储存、运输等环节强化建立有效的质量事故预防管理机制。

第三，建立质量管理体系。要求企业在组织机构、管理文件、人员配置、硬件建设、流程执行以及风险防范等方面建立系统的质量管理体制。

第四，注重全面和全员质量管理。提出了企业业务经营与管理各环节、企业各岗位人员全员参与质量管理的要求。

第五，突出药品质量安全控制。将企业质量管理目标上升到确保人民群众用药的安全有效，承担起保证药品经营安全可靠的职责。

第六，加强冷链管理。提高了对冷链药品储运设施设备的要求，规定了冷链药品运输、收货等环节的交接程序和温度监测、跟踪和查验要求，实现全过程、全链条的冷链质量管理目标。

第七，规范票据管理。要求药品购销必须开具发票，出库运输药品必须有随货同行单并在收货环节查验，物流活动要做到票、账、货相符等。

第八，顺应信息技术发展。全面推行计算机信息化管理，实现药品质量控制的自动化和药品质量追溯有效化。

第九，强化第三方医药物流的管理。要求委托方考察承运方运输能力和质量保证条件，签订明确质量责任委托协议，并要求通过记录实现运输过程的质量追踪来提高风险控制能力。

第十，适应行业新模式发展。现行 GSP 既能适应当前出现的电子商务、第三方物流、专业化物流等流通形式，也能适应今后可能出现的其他流通业态模式。

四、GSP 实施的意义

（一）有利于保障人民用药安全

在药品的流通环节，采用各种严格和有针对性的措施，提高药品经营企业的人员素质和经营条件，严格企业管理制度和行为规范，控制可能影响药品质量的各种因素，消除产生质量问题的隐患，保证了药品在流通环节中的安全性、有效性和稳定性。处方药和非处方药的分类管理，大大减少了处方药滥用情况的发生，有助于消费者进行正确的自我药疗。

（二）是药品经营企业参与市场竞争的需要

质量是企业的生命，药品经营企业市场竞争的关键是人才和质量的竞争。

我国的 GSP 作为当前药品经营企业质量工作的基础规范，对药品经营质量管理及质量保证措施作出了具体、统一的规定，这就为药品经营企业提供了平等竞争的条件。国家在强化这一规则的过程中必将采取相应的政策和措施，促使企业定期达到 GSP 的规定，对于不能定期达到 GSP 认证的企业将会予以取缔。

（三）是积极参与国际竞争的需要

GSP 已经成为衡量一个持证药品经营企业是否具有继续经营药品资格的一道硬杠杆，成为药品市场准入的一道技术壁垒，其也提高了医药行业市场的准入门槛。因此，推行 GSP 可以改变目前药品经营企业过多、过滥的现象，促使药品经营企业进行兼并重组，做大做强一批药品经营企业，提高企业集约化、规模化水平和综合竞争力，并努力提高我国医药企业的国际化水平，使我国更多药品进入世界市场，促进国际医药交流，提高企业的经济效益。

（四）是提高药品经营企业质量管理水平的需要

GSP 要求企业进行任何经营活动都必须以质量为首要目标，要确保药品质量。同时，GSP 从管理职责、人员与培训、设施设备、进货验货及存储等方面，对药品经营企业的硬件及软件作出了规范性要求。GSP 通过明确企业内部管理人员的职责，规范人员专业素质，强化人员培训及再教育，考察供货单位的合法性及保证具有与药品保管规模相适应的设施与设备，全过程、全方位地对药品经营企业提出了要求。因此，实施 GSP 能够提高药品经营企业的产品质量和服务质量，促使企业在管理水平、制度建设、人员素质、设施改造等方面不断创新，促使企业运用先进的科学技术保证药品的安全可靠。

第二章 药品经营企业的组织机构与人员

第一节 药品经营企业的组织机构的设置

一、药品批发（零售连锁）企业管理组织与机构设置

（一）组织机构的概念

组织机构是药品批发（零售连锁）企业质量管理的一个要素。企业应该建立与自身经营规模和质量管理工作相适应的组织机构，并制定相应的质量职责，以确保经营全过程符合要求。

组织机构是组织的全体成员为实现组织目标，在管理工作中进行分工协作，在职务范围、责任方面所形成的结构体系，是组织在职、责、权方面的动态结构体系，本质是为了实现组织战略目标而采取的一种分工协作体系，组织机构必须随着组织的重大战略调整而调整。企业组织单位、部门和岗位的设置，不是把一个企业组织分成几个部分，而是企业作为一个服务于特定目标的组织，必须由几个相应的部分构成，各个单位、部门和岗位的职责的界定是对各

个部分的目标功能作用的界定。各个部分在发挥作用时，彼此具有协调、配合、补充、替代的关系。

（二）组织机构的设置

企业组织机构的设置取决于企业的行业特征、企业性质、经营模式、规模大小等。

组织机构的设置要求审视两个问题：其一，是否存在职能重叠或缺失的现象，尤其是组织所需的关键职能是否具备。其二，职能部门是否定位清晰，是否有明确的使命。企业上下级之间应有对应性，一个下级只对一个上级负责，不越级指挥和管理。

企业组织机构的设置应符合法律法规的要求和企业的实际情况，以事为中心，因事设岗，因岗设人。组织机构应坚持精简高效、权责明确、管理科学的原则，既要严谨又不能规定过死，要具有一定的弹性，能适应新情况的变化。

企业组织机构的建立必须与企业经营管理实际情况相适应，确保企业管理架构能够满足质量管理的需要。

①企业设置的组织机构应当是企业为开展日常业务与管理活动真实组建的机构，包括所有的业务经营部门、质量管理部门。企业应当按照相关规定，确定各部门及岗位的管理职责，明确其质量责任。具体组织机构见图2-1。

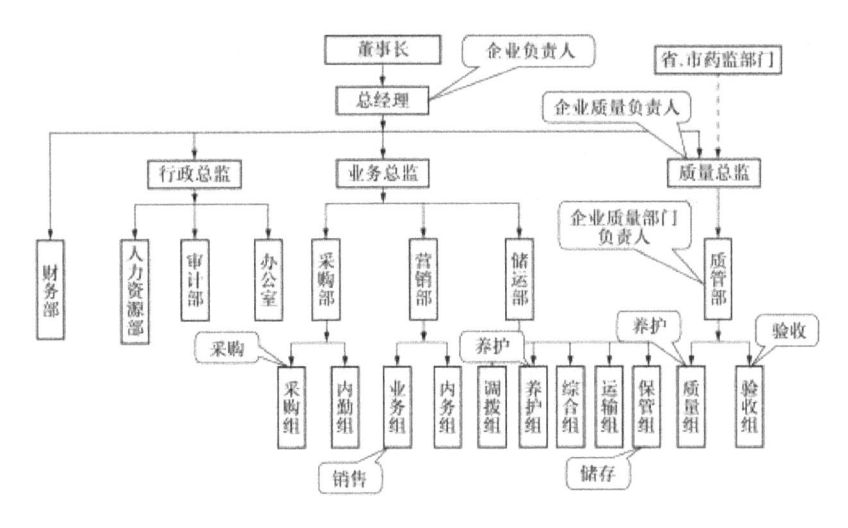

图 2-1 企业组织机构图

②企业组织机构的设置应当符合有关法律法规的要求以及企业经营实际，充分考虑行业特征、企业性质、经营范围、经营模式、规模大小、员工数量、管理特点等因素，尽可能实现企业内部的资源共享和整合，实现规模经济效益最大化，并最大限度地降低成本。

③企业组织机构的合理设置能够提升企业在行业中的竞争力，使企业最终形成两大核心能力：质量管理能力和市场运作能力。

④企业机构设置应尽量简化，尽量减少管理层级，做到以需设岗、定责，职责分明。

⑤企业应当及时应对市场变化，调整组织机构。

职责是指为了在某个关键领域取得成果而完成的系列任务的集合，它常常用任职者的行动加上行动的目标来表达。

岗位是指组织要求个体完成的一项或多项责任以及为此赋予个体的权力的总和。岗位与人对应，通常只能由一个人担任，一个或若干个岗位的共性体现就是职位，即职位可以由一个或多个岗位组成。

19

权限是指为了保证职责的有效履行，任职者必须具备的，对某事项进行决策的范围和程度。

质量职责是指对企业业务部门和各级各类人员在质量管理活动中所承担的任务、责任和权限的具体规定。只有明确质量职责，才能真正做到质量工作事事有人管、人人有专责，才能把所有的质量职能活动切实落实到每个部门和工作岗位上。

企业应该根据实际业务经营情况建立必要的组织机构，设置相应的部门和岗位，规定其职责和权限，明确组织成员之间的相互关系，从组织上保证企业各项经营活动和质量管理工作的顺利开展。

（三）企业负责人的责任

企业负责人应为本企业所有药品经营活动的最高负责者，对本企业的全部日常经营活动负责，是药品质量的主要责任人。企业负责人应熟悉国家有关药品管理的法律法规，对企业所经营药品的质量承担相应的法律责任。企业负责人全面负责企业日常管理。

企业负责人是企业的最高经营管理者，即企业药品经营许可证中"企业负责人"项所载明的人员。企业负责人一定是一个自然人，但可以不是法人代表（法人代表是指代表企业法人行为的自然人）。企业负责人主持制订和组织实施企业发展规划、人才发展规划、各项规章制度和企业重大决策。

企业负责人应为本企业的质量管理机构提供必要的保障和条件，确保质量管理部门和质量管理人员可以顺利地开展质量工作。例如，明确质量管理岗位在企业经营活动中的重要性，给予质量管理人员一定的权力与责任，配备与企业经营规模相适应的质量管理人员，确保质量管理人员能够在工作中顺利、有效地履行职责，以及适当提高质量管理人员在企业中的地位和收入水平，积极鼓励和培养质量管理人员，支持企业进行质量后备人才的储备。

企业负责人应参与制定企业的质量方针、目标，建立企业的质量管理体系，签发企业质量管理制度，带领企业认真执行国家有关药品管理的法律法规，确保企业实现质量目标并按照法律法规要求经营药品。

（四）企业质量负责人的职责

企业质量负责人由企业高层管理人员担任，全面负责药品质量管理工作，独立履行职责，在企业内部对药品质量管理具有裁决权。质量管理裁决权是指对企业内部发生的涉及质量管理的事情作出最终判断、决定的权力。药品质量管理裁决权具体体现在组织并审核企业质量管理制度，对本企业的首营企业、首营品种、上下游客户的质量资质等相关内容进行最终核准，对不合格药品最终确认等。

质量负责人是企业的最高质量管理者，即企业药品经营许可证中"质量负责人"项所载明的人员。该人员应由专人担任且相对稳定，不得在其他企业兼职，或在本企业兼职业务工作。质量负责人能够参与重大决策和全盘负责某个部门，兼有参谋和主管双重身份；能参与企业各项经济任务和战略决策的制定；按照任务给各部门分配资源；为主管部门批准计划、预算和主要投资。质量负责人在企业中拥有较高的地位，管理权限较大，所需承担的责任也较多。质量负责人一般是企业领导班子的成员。

（五）质量管理部门

药品批发企业应该设置与其经营规模相适应的质量管理部门，承担企业经营活动过程中的质量管理与控制。

1.质量管理部门的设置

企业必须设立独立的质量管理部门，为质量管理部门履行职责提供必要的保障和条件，配备与本企业经营规模相适应的足够的质量管理人员，确保质量管理部门的组织与人员落实到位。

质量管理部门应确保对本企业制定的各项质量管理制度在经营活动的全过程及全员范围内执行的有效性。质量管理部门独立承担与行使质量管理具体职责，不得将质量管理职责委托给其他部门及人员。

质量管理部门应设立专职质量管理员、验收员等岗位，对本企业药品的质量管理工作和药品实物的质量判定进行管理。同时，企业还应负责对库存药品进行必要的养护，以确保药品在存储期间的质量安全。

非质量管理部门的人员不得代为行使质量职权。

企业在设置质量管理部门时应注意以下问题：①质量管理部门的设置应当与企业的经营规模、经营范围相适应，如企业规模较大，可按照不同的工作内容，设置若干质量管理、验收等小组。②为保证质量管理工作的有效性，质量管理部门必须独立，以保证质量管理部门能独立行使职权、开展工作。③质量管理部门在企业的组织机构中，不得低于其他部门或隶属于其他部门。

2.质量管理部门的职责

现行 GSP 第十七条规定，质量管理部门应当履行以下职责：督促相关部门和岗位人员执行药品管理的法律法规及本规范；组织制定质量管理体系文件，并指导、监督文件的执行；负责对供货单位和购货单位的合法性、购进药品的合法性以及供货单位销售人员、购货单位采购人员的合法资格进行审核，并根据审核内容的变化进行动态管理；负责质量信息的收集和管理，并建立药品质量档案；负责药品的验收，指导并监督药品采购、储存、养护、销售、退货、运输等环节的质量管理工作；负责不合格药品的确认，对不合格药品的处理过程实施监督；负责药品质量投诉和质量事故的调查、处理及报告；负责假劣药品的报告；负责药品质量查询；负责指导设定计算机系统质量控制功能；负责计算机系统操作权限的审核和质量管理基础数据的建立及更新；组织验证、校准相关设施设备；负责药品召回的管理；负责药品不良反应的报告；组织质量管理体系的内审和风险评估；组织对药品供货单位及购货单位质量管理体系和服务质量的评价；组织对被委托运输的承运方运输条件和质量保障能力的审查；协助开展质量管理教育和培训；其他应当由质量管理部门履行的职责。

二、药品零售企业管理组织与机构设置

（一）组织机构

药品零售企业，是指将购进的药品直接销售给消费者的药品经营企业，是直接面向消费者销售药品、提供用药服务的药品流通终端环节，对药品质量和消费者安全合理用药承担着重要的责任，其管理与批发企业相比，既有相同的地方，又有自身的特点。

企业质量管理工作的有效运行和质量管理目标的实现，必须依靠高效、适宜的组织体系来保障，企业组织机构的设置受企业的行业特征、企业性质、管理模式、经营规模等因素的制约。企业应根据自身的经营规模和经营管理的实际需要，按照精简高效、事权明确、管理科学的原则，合理设置组织机构，配备相关人员。具体组织机构如图2-2所示。

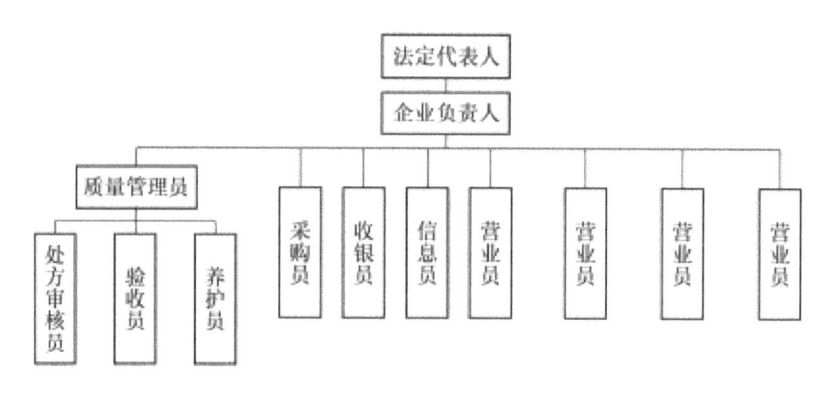

图 2-2 组织机构图

药品零售企业应根据企业实际情况，合理设置质量管理机构或配备质量管理人员，具体负责药品质量管理工作。

质量管理部门或质量管理人员在药品经营过程中应当行使质量管理职能，开展质量管理活动，确保质量管理落实到药品经营各个环节。

（二）企业负责人的职责

企业负责人是药品质量的主要责任人，负责企业日常管理，负责提供必要的条件，保证质量管理部门和质量管理人员有效履行职责，确保企业按照规范要求经营药品。企业负责人应当是药品经营许可证上载明的"企业负责人"，应当提供的必要条件主要是指保证质量工作有效开展的管理权限和必要的人、财、物保障。

企业负责人应当做到以下几点：①提供资源，合理调配人（招聘符合岗位要求的人员）、财、物（提供经营所需要的设施设备）等资源。②充分调动质量管理部门和质量管理人员的积极性，授权质量管理人员行使质量职责，保证质量工作有效开展。③对药品经营提出质量要求，签发质量管理文件，协调各部门的利益与质量保证之间的关系，切实保证企业各项经营活动符合有关法律法规的要求。④企业经营过程中出现任何质量问题，企业负责人应当负主要责任。

（三）质量管理部门或人员的职责

现行 GSP 第一百二十三条规定，企业应当设置质量管理部门或者配备质量管理人员，履行以下职责：督促相关部门和岗位人员执行药品管理的法律法规及本规范；组织制定质量管理文件，并指导、监督文件的执行；负责对供货单位及其销售人员资格证明的审核；负责对所采购药品合法性的审核；负责药品的验收，指导并监督药品采购、储存、陈列、销售等环节的质量管理工作；负责药品质量查询及质量信息管理；负责药品质量投诉和质量事故的调查、处理及报告；负责对不合格药品的确认及处理；负责假劣药品的报告；负责药品不良反应的报告；开展药品质量管理教育和培训；负责计算机系统操作权限的审核、控制及质量管理基础数据的维护；负责组织计量器具的校准及检定工作；指导并监督药学服务工作；其他应当由质量管理部门或者质量管理人员履行的职责。

第二节　人员资质要求

一、药品批发（零售连锁）企业人员资质要求

药品质量关系到人民群众的用药安全，药品经营管理既有普通商品经营管理活动的共性，又有自身的特点，药品经营管理既是药品服务具体化的过程也是质量管理具体化的过程。药品经营企业销售的是治病救人的特殊商品，其质

量直接与人的生命和身体健康息息相关。企业必须树立以人为本的管理理念，为各岗位配备符合要求的人员，并通过培训等方式不断提高员工素质。

现行 GSP 对药品批发企业涉及质量管理相关岗位人员的学历、专业、从业资格和培训等均作出了具体规定，旨在通过提高从业人员综合素质和药学专业知识，确保所经营药品在流通环节的质量。

下面主要对关键岗位人员资质要求进行论述。

（一）企业负责人资质要求

企业负责人应当具有大学专科以上学历或者中级以上专业技术职称，经过基本的药学专业知识培训，熟悉有关药品管理的法律法规。

专业技术职称是指专业技术人员的专业技术水平、能力，以及成就的等级称号，反映专业技术人员的学术和技术水平、工作能力和工作成就。

药学专业知识一般应包括西药学（药理学、药物分析、药物化学、药剂学等）和中药学（中药学、中药药剂学、中药鉴定学、中药化学等）两个方面。国家有关药品管理的法律法规一般应包括《中华人民共和国药品管理法》《中华人民共和国药品管理法实施条例》《药品经营许可证管理办法》《药品流通监督管理办法》《药品经营质量管理规范》《药品召回管理办法》《麻醉药品和精神药品管理条例》等。

（二）质量负责人资质要求

企业质量负责人应具备较强的药学专业知识和执业资格，并且有丰富的质量管理工作经验，能够解决药品经营企业重大质量决策和质量实施的问题。

现行 GSP 规定，企业质量负责人应当具有大学本科以上学历、执业药师资格和 3 年以上药品经营质量管理工作经历，在质量管理工作中具备正确判断和保障实施的能力。

企业质量负责人应为专职人员,不得分管采购、销售等业务。

(三)质量管理部门负责人资质要求

企业质量管理部门负责人应具有丰富的质量管理工作经验,具备执业药师资格和3年以上药品经营质量管理工作经历,并且能够独立解决药品经营企业经营过程中的质量问题。

企业质量管理部门负责人应当熟悉企业的各项质量管理制度及操作流程,具有指导、监督履行质量职责的能力。

企业质量管理部门负责人应为专职人员,不得兼职。

(四)质量管理工作岗位人员资质要求

企业从事质量管理、验收、养护工作的人员根据企业的经营范围应当具有相应的专业基础知识、技术职称和工作年限,保证能够履行所从事岗位的质量职责。

从事质量管理工作的,应当具有药学中专或者医学、生物、化学等相关专业大学专科以上学历或者具有药学初级以上专业技术职称;从事验收、养护工作的,应当具有药学或者医学、生物、化学等相关专业中专以上学历或者具有药学初级以上专业技术职称;从事中药材、中药饮片验收工作的,应当具有中药学专业中专以上学历或者具有中药学中级以上专业技术职称;从事中药材、中药饮片养护工作的,应当具有中药学专业中专以上学历或者具有中药学初级以上专业技术职称;直接收购地产中药材的,验收人员应当具有中药学中级以上专业技术职称。

从事疫苗配送的,还应当配备2名以上专业技术人员专门负责疫苗质量管理和验收工作。专业技术人员应当具有预防医学、药学、微生物学或者医学等专业本科以上学历及中级以上专业技术职称,并有 3 年以上从事疫苗管理或者技术工作经历。

(五)质量管理人员在职在岗要求

企业从事质量管理、验收工作的人员应当在职在岗,不得兼职其他业务工作,以保证其公正地行使质量管理职责。

在职是指与企业确定劳动关系的在册人员,指与企业签订正式劳动合同,按国家规定缴纳医疗保险及相关社会保险费用。

在岗是指相关岗位人员在工作时间内在规定的岗位履行职责。

"其他业务工作"主要指和销售、采购相关的工作。质量管理、验收工作与业务工作是相互制约的关系,如兼职业务工作,会在判断标准上失之偏颇,导致质量管理工作的差错或者失误。

(六)采购、销售人员资质要求

从事采购工作的人员应当具有药学或者医学、生物、化学等相关专业中专以上学历,从事销售、储存等工作的人员应当具有高中以上文化程度。

从事采购工作的人员,对药品经营的渠道选择、品种选择有着非常重要的影响,承担着采购计划的编制、采购合同的签订、首营品种及首营企业资质材料的索取及申报等工作,只有具备一定的药学相关知识,才能按照规范和制度的要求从事药品采购工作。

特别注意,从事销售、储存等工作的人员应具有高中以上文化程度,文化程度不是指学历,而是指具备高中文化水平,普通高中、职业高中、中等专业学校、中级技工学校等都属于中等教育范畴,检查时不应强行要求具有高中毕业证书。

二、药品零售企业人员资质要求

人员管理是《药品经营质量管理规范》的重要内容,人是实施质量体系的关键因素和重要的资源保证。配置数量适当、资质相当、有一定实践经验的人员,有计划地对其进行相关知识与技能的培训,使其具备并不断提高在相关岗位对药品质量或服务质量符合性控制的能力,是保持质量管理体系有效运行并持续改进的重要条件。

企业从事药品经营和质量管理工作的人员,应当符合法律法规及现行 GSP 规定的资格要求,不得有相关法律法规禁止从业的情形。

企业法定代表人或者企业负责人应当具备执业药师资格。企业应当按照国家有关规定配备执业药师,负责处方审核,指导合理用药。

质量管理、验收、采购人员应当具有药学或者医学、生物、化学等相关专业学历或者具有药学专业技术职称。从事中药饮片质量管理、验收、采购人员应当具有中药学中专以上学历或者具有中药学专业初级以上专业技术职称。

营业员应当具有高中以上文化程度或者符合省级药品监督管理部门规定的条件。中药饮片调剂人员应当具有中药学中专以上学历或者具备中药调剂员资格。

第三章　设施与设备管理

第一节　设施设备类别与配备的原则

在药品流通环节，需要有专门的设施来保证药品的质量。药品经营企业必须根据产品品种和企业规模配备相应的设施，以满足 GSP 等法律法规的要求，节约成本。

一、设施设备类别

（一）储存药品的设施设备

现行 GSP 分别对药品批发企业和药品零售企业库房配备的设施设备作出了规定。库房应当配备以下设施设备：药品与地面之间有效隔离的设备；避光、通风、防潮、防虫、防鼠等设备；有效调控温湿度及室内外空气交换的设备；自动监测、记录库房温湿度的设备；符合储存作业要求的照明设备；用于零货拣选、拼箱发货操作及复核的作业区域和设备；包装物料的存放场所；验收、发货、退货的专用场所；不合格药品专用存放场所；经营特殊管理的药品有符合国家规定的储存设施；经营冷藏药品的，有与其经营品种及经营规模相适应的专用设备；储存中药饮片应当设立专用库房。

1.药品与地面之间有效隔离的设备

隔离设备主要有地垫、货架,起到保证药品在储存过程中防潮、通风、防止污染的作用。地垫材料通常为木质或塑料,与地面高度不小于 10 cm,堆码药品的货架一般为金属材料,与地面距离不小于 10 cm。地垫及货架使用的材料应具备相应的结构强度,经过防蛀、防锈等处理,无异味,不得对药品质量产生直接或潜在的影响。

2.避光、通风、防潮、防虫、防鼠等设备

①避光设备:储存药品的仓库应采取有效措施,避免阳光直射药品。仓库窗户避光可加挂窗帘,采用遮光膜、有色玻璃、磨砂玻璃等。

②通风设备:储存药品的仓库应配备促进空气循环流通的设备,如空调系统、换气扇等;较大规模的中药材库房,特别是储存未经净化加工的中药材的库房,应当加装适宜的专用换气装置,可直接向库外排气、换气。

③防潮设备:储存药品的仓库应根据库房面积和经营品种等情况合理配备空调系统、地垫、货架、药品仓库专用除湿机、排气扇、门帘、风帘等设备,防止地面及墙壁的潮气或外界的水汽影响药品及库房环境。

④防虫、防鼠设备:储存药品的仓库应配备挡鼠板、粘鼠板、老鼠夹、捕鼠笼、电子驱鼠器(电子猫)、灭蝇灯、纱网等,防止鼠类及昆虫进入库房。

3.有效调控温湿度及室内外空气交换的设备

药品经营企业应当根据库房温湿度参数的调控要求以及库房建筑结构条件等因素,选择、设计适宜的空调类型。调控温湿度的设施设备主要包括空调、除湿机、采暖设备等;室内外空气交换设备主要指换气设施,如空调系统、排气扇(排气扇应配置防护百叶或安装防护网)。应对库房室内环境空气的温度、湿度、洁净度等进行调节和控制,使库房环境温湿度符合药品储存管理的条件要求。

4.自动监测记录库房温湿度的设备

所有储存药品的库房内和运输冷藏冷冻药品的运输工具上均应当安装温湿度自动监测系统，对药品储存过程的温湿度状况及冷藏冷冻药品运输过程的温度状况进行实时自动监测和记录，有效防范储存运输过程中可能发生的影响药品质量安全的风险。系统由测点终端（温湿度数据采集设备）、管理主机、不间断电源以及相关软件等组成。各测点终端能够对周边环境温湿度数据进行实时采集，向管理主机传送数据和发出超限提示报警；管理主机是保证系统独立运行、对各测点终端实施管理的主设备，能对各测点终端监测的数据进行实时自动收集、处理和记录，在发生温湿度超限、断电等异常情况下实施短信报警功能。系统应当自动生成温湿度监测记录，内容包括温度值、湿度值、日期、时间、测点位置、库区或运输工具类别等。

5.符合储存作业要求的照明设备

药品经营企业应配备符合储存作业要求的照明设备，能够满足药品收货、验收、入库、盘点养护、发货、出库复核、退货等作业的需要。电线应有套管，不得裸露；安全照明要求仓库无阴暗区，有便于商品标识识别的光线强度，即灯光无死角；危险品库房要安装防爆灯。

6.用于零货拣选、拼箱发货操作及复核的作业区域和设备

对于零货拣选作业、零货拼箱操作及药品出库复核等环节，药品经营企业应当分别设立专门的作业区域，并配备必要的操作设备，如配备发货操作台及统一的药品拼货箱、运输箱、推车及适宜拆零或拼箱发货的工具设备，如打包器、胶带、标签、条码采集器等。

7.消防、安全设备

药品经营企业应配备符合要求的消防安全设施，如灭火器、消防栓、门禁、探头等。

8.包装物料的存放场所

储存作业中使用的包装物料，如药品周转箱、零货拼箱用包装箱、封箱胶带等，应当设置专门的存放场所，与药品存放货位有效分开。

9.验收、发货、退货的专用场所

冷藏冷冻药品、直接收购的地产中药材应当分别在其专用库房内设立验收、发货、退货专用场所，且药品经营企业设立的验收、发货、退货等专用场所应当符合要求，并与其对应库房的经营范围品种、经营规模相适应。企业可以根据自身的业务规程和库房条件，在库房内合理设立验收、发货、退货等专用场所，可以在专用的收货、发货库内统一设立各专用场所或区域，也可以在独立建筑的库房中分别按需要设立。

10.不合格药品专用存放场所

药品经营企业对不合格药品应实行严格的控制管理，根据经营的品种范围、经营规模、物流作业流程和库房结构条件，合理设立不合格药品专用存放场所。不合格药品既可以集中设库，也可以根据库房结构、条件等在相应库房内分别设立专区。不合格药品专库或专区应与其他药品储存区域严格隔离，并明显标识，防止混药事故。特殊管理的药品应当在其专用库房或储存设备内设置不合格药品的专用存放区域。

（二）验收与养护的设施设备

现行 GSP 取消了对检验场所、仪器设备、养护场所及中药饮片分装场所的具体要求，药品经营企业可根据自己的经营规模和经营范围合理配备相关设施和设置相关区域。药品批发企业应在仓库设置验收养护室，其面积依企业规模不同而不同：大型企业不小于 50 m^2，中型企业不小于 40 m^2，小型企业不小于 20 m^2。验收养护室应备有稳压装置的交直流两用电源、接触良好的接地线与工作台等，并配置万用表、兆欧表等常用仪表，以及养护需要的操作工具。验收养护室应有必要的防潮、防尘设备。例如，仓库中未设置药品检验室或不能与检验室共用仪器设备的，应配置千分之一天平、澄明度检测仪、标准比色液等。企业经营中药材、中药饮片的还应配置水分测定仪、紫外荧光灯、解剖镜或显微镜等。

（三）营业场所设施设备

现行 GSP 规定，营业场所应当具有相应设施或者采取其他有效措施，避免药品受室外环境的影响，并做到宽敞、明亮、整洁、卫生。药品零售企业的设施与设备可分为硬件设施（营业场所、仓储、办公用房等）和过程设备（如计算机及其软件、各类控制和监测设备、工具、辅助用具等）两大类。营业场所常用设施设备及要求如下：

①营业场所应有陈列药品的柜台、货架，柜台及货架整齐合理，各柜台或展示货架的药品分类标志醒目。

②营业场所需安装检测和调控温度的设备，用于监测室温和阴凉陈列与冷藏储存设备的温度，如温湿度计和空调。

③对保存温度有不同要求的药品应设有符合药品特性要求的常温、阴凉和冷藏存放的设备，如冰箱或冷柜。

④经营第二类精神药品、毒性中药品种和罂粟壳的，需配置保险柜等专用存放设备。

⑤配备药品拆零销售所需的调配工具、营业用计量工具、衡器、开票用具和包装用品。药品拆零销售应配备调配工具和包装用品，调配工具指消毒用具、加盖托盘、药勺、剪刀、镊子、医用手套等。包装用品指清洁药袋，其应符合卫生要求和调配要求，不得对药品造成污染，药袋上应有药品名称、规格、数

量、用法、用量、批号、有效期、药店名称等内容。拆零销售还应配备便于操作和清洁的专用柜台。

⑥药品经营企业应当建立能够符合经营和质量管理要求的计算机系统，并具有满足电子监管的实施条件。

（四）运输药品的设施设备

现行 GSP 规定，运输药品应当使用封闭式货物运输工具。运输冷藏、冷冻药品的冷藏车及车载冷藏箱、保温箱应当符合药品运输过程中对温度控制的要求。冷藏车具有自动调控温度、显示温度、存储和读取温度监测数据的功能；冷藏箱及保温箱具有外部显示和采集箱体内温度数据的功能。

1.运输药品应当使用封闭式货物运输工具

为防止药品运输过程中因天气异常可能造成的雨淋、包装污损、破损等质量问题，以及因安全措施不力导致的丢失、偷盗、替换等安全事故，现行 GSP 规定运输药品应当使用封闭式货物运输工具，进行封闭式运输，以确保运输过程中的药品质量和安全。封闭式货物运输工具主要包括厢式货车、集装箱货车、专用客厢车等封闭式车辆，药品经营企业自行配置的货车和委托运输药品的车辆都应当是封闭式车辆，不得用敞篷平板式货车或护栏平板式货车运输药品。

2.冷藏车及冷藏设备应当符合药品运输过程中对温度控制的要求

冷藏、冷冻药品属于温度敏感型高风险药品，极易受温度影响。因此，企业运输冷藏、冷冻药品必须使用符合冷链运输基本性能和功能的冷藏车及车载冷藏箱、保温箱，还要对运输工具在运输过程中的温度状况进行实时监测和记录，一旦发生温度超限或运输设备故障等情况，必须及时发出报警，提示相关人员采取有效措施进行应急处理，防止发生药品质量事故。

药品经营企业应当根据实际业务规模和药品配送的需要，合理选择适宜型号、数量的冷藏车以及冷藏箱或者保温箱。企业可以配置冷藏车或冷藏箱（保温箱），也可以仅选择其中一种配置，但必须与经营规模和药品实际配送需要相适应。

（五）经营中药材的设施设备

现行 GSP 规定，经营中药材、中药饮片的，应当有专用的库房和养护工作场所，直接收购地产中药材的应当设置中药样品室（柜）。储存中药饮片应当设立专用库房。

1.经营中药材、中药饮片应当有专用的库房和养护工作场所

企业在中药材、中药饮片储存过程中，应当根据其具体质量特性，采取适宜、安全、有效的方法进行储存和养护管理，确保中药材、中药饮片有独立的储存与养护空间，以避免其受到污染或污染其他药品。中药材和中药饮片的养护工作场所可以分别单独设置，也可以统一设置，共同使用。直接收购地产中药材的应当设置中药样品室（柜），经营中药饮片的企业的仓库还应有饮片储存箱、电冰箱或小冷藏库，用于储存需冷藏的药品。

2.经营中药材、中药饮片常用设备

药品零售企业经营中药材、中药饮片等品种，应具有调配药品处方和药品拆零销售的必要设备和包装用品，如具有存放中药饮片的药斗（百子柜），药斗数量应按照经营需要设置；调配中药的调配台与预分装台、戥秤、冲筒、乳钵、铁研船、药筛、台秤、天平、发药牌、小型粉碎切片干燥设备、煎药设备等；配备一定数量罐、瓶等容器，便于不同特性、不同炮制品种、不同规格等级饮片的存放。

（六）经营特殊药品的设施设备

现行 GSP 规定，经营特殊管理的药品应当有符合国家规定的储存设施。药品经营企业在药品经营活动中，可能会涉及某些特殊药品。储存特殊管理的药品如麻醉药品、一类精神药品、毒性药品、放射性药品等应当设置储存专库，具有相应的防火设施，采用无窗建筑形式，安装专用钢制防盗门，实行双人双锁管理，并配备视频监控设施和自动报警装置，自动报警装置应当与公安机关报警系统联网。经营第二类精神药品的企业应当在药品库房中设立独立的专库或专柜。经营医疗用毒性药品、药品类易制毒化学品的企业，应当设立专库或专柜。例如，经营第二类精神药品、毒性中药品种和罂粟壳的，应当有符合安全规定的专用存放设备，如保险柜等。

（七）经营冷藏、冷冻药品的设施设备

现行 GSP 规定，经营冷藏、冷冻药品的药品经营企业，应当配备以下设施设备：与其经营规模和品种相适应的冷库，储存疫苗的应当配备两个以上独立冷库；用于冷库温度自动监测、显示、记录、调控、报警的设备；冷库制冷设备的备用发电机组或者双回路供电系统；对有特殊低温要求的药品，应当配备符合其储存要求的设施设备；冷藏车及车载冷藏箱或者保温箱等设备；运输冷藏、冷冻药品的冷藏车及车载冷藏箱、保温箱应当符合药品运输过程中对温度控制的要求。

1.经营冷藏、冷冻药品的企业配备的冷库应当与经营规模和品种相适应

目前，我国尚未制定药品储存、运输专用的冷库、冷藏车、冷藏箱及保温箱的相关标准。现行 GSP 要求冷藏、冷冻药品的收货、验收、储存、发货、零货装箱、出库复核等环节都应当在药品标示或规定的储存温度环境操作，因此

药品经营企业在新建或改造冷库时，应设计和设立冷库的缓冲区或缓冲间，以提高冷链控制的效果；应当在冷库内设计能满足上述储存作业的专用区域或库房，如收货、验收、储存、包装材料预冷、装箱发货、待处理药品存放等区域，并有明显标识。

2.具有疫苗经营范围的企业应当配备两个及以上独立冷库

经营疫苗的企业应当配备两个及以上独立冷库，并且两个冷库应当能够同时启动。疫苗属于高风险品种，企业必须建立强制性风险应急措施，当一个冷库发生设备故障时，另一个冷库可以起到应急保障作用。我国药品经营企业建设的冷库，目前大多采用在库房建筑内组装装配式冷库的方式，即库体由钢框架和轻质预制的硬质聚氨酯泡沫塑料或聚苯乙烯泡沫塑料夹心板材组装而成，冷库主要由库体、制冷系统、冷却系统、控制系统和辅助系统几个部分组成。控制系统主要对冷库的温湿度、制冷系统、冷却系统进行控制，实现对冷库温度的自动监测、显示、记录和报警，从而保证冷库安全、正常地运行。

3.用于冷库温度自动监测显示、记录调控、报警的设备

冷库应有温度监测探头、温度显示设备、温度自动记录系统、调控系统、报警系统。温度自动记录系统至少每两小时记录1次，数据应能保存、查询，且不可更改。冷库温度超出设置范围时，报警设备应自动启动，并及时告知工作人员采取措施。冷库应有电力保障措施，配有备用发电机组或双回路供电系统，当发生电力故障时，能及时开启备用发电机、切换供电线路，保证冷库制冷用电。

4.对有特殊温度要求的药品，应当配备符合其储存要求的设施设备

有特殊温度要求的药品是指储存温度低于0℃的，需要冷冻储藏的药品。经营冷冻药品品种的企业应当根据品种储存条件和经营规模设置适宜的冷冻

存储设施。对有特殊低温要求的药品，企业应配备装量、温度适宜的冷库、冷柜、冰箱等设施设备。药品运输过程中应配备冷藏车、车载冷藏箱或者保温箱等设备。如果经营范围中有生物制剂，需要有带除湿功能的恒温冰箱等。

二、设施设备配备的原则

现行 GSP 在药品的储存、验收、养护、配送、陈列等环节提出了在环境、布局、场所等方面的要求以及在各环节应该配置的主要仪器、设备、装置等，以保证各环节中药品质量的有效控制和评价。药品经营企业应根据 GSP 的要求，结合自身实际情况，在设施设备的配置上做到合理布局、重点突出、适当配置、科学管理，从而保证设施设备的正常运行。这样既可降低企业经营成本，又能保证药品质量，防止各种形式与内容的差错。

（一）设施设备配置应与经营规模相适应

药品批发企业、药品零售连锁企业和零售企业应按照各自经营需要建立有效的硬件设施，配置与经营规模相适应的设施设备。经营规模的大小不同，配置设施设备的要求也不同，所需设施设备的类型、数量也不尽相同。配置的设施设备与经营规模不相适应可能导致在经营活动中出现工作差错与服务差错等，从而造成药品质量差错。因此，GSP 提出了药品经营企业配置设施与设备应与本企业的经营规模相适应的原则。

（二）设施设备配置应与经营品种相适应

药品经营范围不同，对硬件设施的要求也不同。药品批发企业、药品零售连锁企业和药品零售企业有着不同的经营范围，在经营范围内又有不同的品种和剂型，这些品种和剂型有不同的质量属性。因此，药品经营企业配置设施与设备要与本企业所经营的药品品种质量属性相适应。比如，经营疫苗的企业应当配备两个及以上独立冷库及相应的设备，经营冷藏药品的零售企业应在营业场所配备冷柜等设备，否则药品的质量很难得到保证。营业场所应该按照药品分类管理的要求对不同类别、不同剂型、不同品名、不同用途的药品进行营业布局，配置相应的设施设备，设立特定的区（柜），并提供有效的识别指引。经营中药饮片的零售企业应在营业场所内布置专门的零售区域，应有专门的分剂量器具和设备。

第二节 仓库的选址与布局

仓库是以库房、货场及其他设施装置为劳动手段，对商品、货物、物资进行收进、整理、储存、保管和分发等工作的场所。药品经营企业的仓库是用于储存和养护药品的地方，药品在库期间的质量控制取决于仓库条件、保养技术和管理水平。因此，药品经营企业必须重视仓库建设。

一、仓库的选择

GSP规定，企业应当具有与其药品经营范围、经营规模相适应的经营场所和库房。库房的选址、设计、布局、建造、改造和维护应当符合药品储存的要求，防止药品的污染、交叉污染、混淆和差错。库房的规模及条件应当满足药品的合理、安全储存，并达到相关要求，便于开展储存作业。

仓库在药品经营活动中具有重要的地位。药品经营企业应当配备与经营范围相适应的各种专用库房，并保证各类库房有足够的仓储空间，防止因仓储空间不足而造成库内药品储存不规范、库外违规存放或出现药品储存不符合规定条件的现象，从而影响药品质量与安全。

（一）仓库选址要求

应交通方便，能够保证用电、用水；地面平坦、地质坚固，能承受较大压力；地势较高、雨季能迅速排水；远离江、河、湖等水域，并能保持干燥、通风良好；远离居民区；远离严重污染源，远离车库和油库；危险品库应在离车站、码头较远的地区。

（二）库区环境要求

药品库区内部环境应做到地面平坦、容易修整、无露土地面；库区内地面一般应高于库外地面，以防止地面积水或反潮；库区设置排水系统，并保持通畅；库区内地面应全部硬化或绿化，药品库房的库区可采用水泥、沥青、地砖等材料进行硬化处理，以防止扬尘，便于库区车辆行驶作业；绿化区域不宜种植易生虫、易飘絮和花粉较多的花草树木；库区内无垃圾、杂物或废弃物堆积，以保持环境的美化和净化。

（三）仓库建筑与装修要求

仓库建筑与装修要求见表3-1。

表 3-1 仓库建筑与装修要求

项目内容	要求
库房主体建筑	应选用有利保温、隔热的材料，保证库房的恒温要求
门窗	尽量减少窗户数量并减少其面积，设计简洁、适用、易于清洁，门窗结构严密，关闭无明显间隙，保证库房内外环境的气密性
储存作业强度较小的库房的地面建筑材料	选用花岗岩、瓷砖、环氧乙烷层或木质材料
储存作业强度较大的库房的地面建筑材料	应选用耐冲击、负荷大、强度适宜的材料；选用厚度为 2~4 cm 的水泥地面，平整，无较大缝隙，无明显积水，无严重地面沉降，无地面铺设材料脱落损坏
工程管线	合理布局，各类管线应采用暗装形式
库房内部设计	设计为易于清洁的结构，一般墙与墙、墙与地面、墙与顶棚相连处应有一定的弧度
库房内部装修	选用无毒、无污染、发尘量少、吸湿性小、不易黏附尘粒的材料，砖木混合结构库房的木质顶棚应吊顶；砖混及钢混结构的库房屋顶应当进行墙面装修处理，钢架结构的屋顶建筑材料应当坚固，房屋不起尘、不挂灰、不掉皮脱落，平整光洁，便于清洁
特殊管理药品仓库	采用砖混或钢混结构的建筑，不得设明窗，要安装钢制防盗门
药品装卸作业场所	应在库房装卸货月台上方安装防雨顶棚，有效减少雨雪、风沙、极端低温等天气对药品质量的不利影响。冬季室外气温可能降至 −10 ℃ 以下的地区，应当设置室内装卸作业场所

现行 GSP 对药品库房规划、设计和建设的标准化、规范化作出了方向性的引导，提出了室外作业区域受异常天气影响的保护措施，如设置顶棚等，以保证药品质量。

二、仓库的分类

（一）按仓库所处地理位置分类

根据仓库所处的地理位置，可以分为码头仓库、内陆仓库。

（二）按仓库的构造分类

根据仓库的构造，可以分为单层仓库、多层仓库和立体仓库。

1.单层仓库

单层仓库又称为平面仓库，是指以托盘地垫堆垛、轻型及中型货架储存，人工搬运形式作业的仓库。单层仓库设计简单，只有一层，占地面积大，仓库全部的地面承压能力较强，在仓库内搬运、装卸货物比较方便，各种附属设备安装、使用和维护比较方便，适用于性能稳定的药品的储存。

2.多层仓库

多层仓库具有两层及以上的结构，占地面积较小，可将药品库房和其他部门根据要求进行隔离，有利于防火，在整个仓库布局方面比较灵活，可满足不同的使用要求，一般使用垂直输送设备来搬运药品。

3.立体仓库

立体仓库是一种特殊的单层仓库，又分为高架仓库和全自动立体仓库。高架仓库由重型多层货架构成，以标准托盘为单元集装储存管理，采用人工操作高架叉车出入库进行作业，配套使用条形码扫描识别、无线传输、自动识别等物流信息技术。自动化立体仓库的主体由高层货架、巷道堆垛起重机、出入库工作台和自动出入库及操作控制系统等组成。货架是钢结构或钢筋混凝土结构的建筑物或结构体，货架内是标准尺寸货位空间，承载单元是标准托盘，巷道堆垛起重机穿行于货架之间的巷道中，完成药品出入库自动作业。立体仓库的仓储模式具有仓库高层效率化、存取自动化、操作简便化的特点。

（三）按仓库用途分类

根据仓库的用途，可以分为采购供应仓库、中转批发仓库和零售仓库。

1.采购供应仓库

采购供应仓库规模大，主要用于集中储存从生产部门收购的或供国际进出口的整批药品，药品储存期较长。一般采用整批进、整箱出的收发货方式。

2.中转批发仓库

这类仓库规模同采购供应仓库相比要小一些，主要用于储存从采购供应库调进或在当地收购的药品，一般货物在此仅临时停放。中转批发仓库既可进行批发供货业务，也可进行拆零供货业务。

3.零售仓库

零售仓库规模小，通常为前店后仓，主要用于零售业短期储货，一般是提供店面销售，储存期短，所储存药品周转快。

（四）按保管货物的特性分类

根据保管货物的特性，可以分为原料仓库、产品仓库和专用仓库。

1.原料仓库

原料仓库用来储存生产所用的原料。

2.产品仓库

产品仓库用于存放已经完成的产品。

3.专用仓库

对于特殊管理的药品以及危险性药品、冷藏冷冻药品、中药材、中药饮片等,应有专用的库房。专用仓库必须根据企业的经营规模和所储存药品的不同性能进行建造,并配有相应设施设备。

(五) 按药品的储存条件分类

药品的理化性质不同,储存所需的温湿度条件也不同。根据药品储存所需的温度,可将药品仓库分为冷库(2~10 ℃)、阴凉库(20 ℃以下)、常温库(10~30 ℃)三种类型。药品仓库的相对湿度为35%~75%。

三、仓库的布局

现行 GSP 对药品经营企业的仓库工作提出了整体要求,以确保库房外部环境和内部构造布局符合要求,防止出现药品的污染和混淆。GSP 第四十五条规定,药品储存作业区、辅助作业区应当与办公区和生活区分开一定距离或者有隔离措施。第一百四十三条规定,企业的营业场所应与其药品经营范围、经营规模相适应,并与药品储存、办公、生活辅助及其他区域分开。

(一) 库区划分原则

按照使用性质,可将库区划分为药品储存作业区(包括库房、装卸作业场所、运输车辆停放场所及保管员办公场所等)、辅助作业区(包括验收养护室、分装室、票据管理室等)及办公生活区(包括非物流办公室、食堂、宿舍、车库及相关公共生活服务设施)。这三大区域的划分与布置应当满足药品经营企业的经营需要与药品质量属性的需要;各作业区之间应分开一定距离,形成有效的管理隔离,或设置设施,强制隔离,确保办公生活区的人流、物流不对储存作业区造成影响。各库房应按照其用途及性质设立明显的标识,企业可在库区或库房的适宜位置展示仓库平面示意图。

（二）仓库内部区域设置

库房的规模和条件应当满足药品合理、安全储藏的需要，库内的布局规划应当与企业的经营规模和经营范围相适应。库房的收货、验收、储存、发货、出库等区域应布局合理，方便各类物流作业活动的规范、高效开展。库区和库房的药品储存及物流走向应当合理，做到有效防止药品混淆和差错。

GSP 要求库房应当配备验收、发货、退货的专用场所及不合格药品专用存放场所。根据药品的质量管理状态，可将仓库划分为待验库（区）、合格品库（区）、发货库（区）、不合格品库（区）、退货库（区）和中药饮片零货称取库（区）。药品批发企业经营规模较大，库房数量较多，可以按库进行划分管理。经营规模较小的企业如药品零售企业，库房面积有限，可在库房内实行划区管理。企业也可以通过库房分类与库内划区相结合的方式进行管理。库房各类库或区的划分方式，应由企业经营规模及经营特点决定。库房标识所采用的颜色应符合药品仓储色标管理的规定，应标明所储存药品的质量管理状态，杜绝库存药品的存放差错。根据色标区分标准，合格品库（区）、发货库（区）、中药饮片零货称取库（区）为绿色，不合格品库（区）为红色，质量状态不明确的待验库（区）、退货库（区）为黄色。

（三）专用仓库的布局

对于仓库的内部布局，药品经营企业应根据自身经营产品类别来合理规划。中药材、中药饮片、易串味药品、特殊管理药品、冷藏药品、危险品等应设置单独库房。具有中药材、中药饮片经营范围的企业应当有中药材、中药饮片专库，中药材、中药饮片应按性质要求分别设置相应的阴凉库、常温库，直接收购地产中药材的企业还应当设置中药样本室（柜）。特殊管理药品的库房应划分为麻醉药品库、精神药品库、毒性药品库、放射性药品库等。麻醉药品和精神药品可同库分区存放。经营蛋白同化制剂、肽类激素等药品的企业应当配备符合规定的专库或专柜。具有疫苗经营范围的药品经营企业应当配备两个及以上独立冷库；如果仓库是冷库，还需要设置空调系统机组管理区。

第三节 设施设备的管理

为保证药品经营企业用于药品储存、验收及养护的设施设备、仪器、计量器具等能正常发挥作用，从而为药品储存、验收、养护提供物质保障，应对仪器设备进行科学的管理。药品经营企业的设备管理，根据不同的企业性质和规模，有很大的差距。药品经营企业针对设施设备的规范管理通常包括以下内容：①企业应该建立关于设施设备选型采购验收、安装验证、使用和日常维护的规章制度。②企业应该对设备使用人员和维护人员进行定期培训。③企业应该对关键设备进行检定校准或者验证。④企业应该对设施设备逐一建立档案，并不断更新。

一、使用管理

设施设备的日常使用管理工作，是药品经营企业遵循 GSP 的一项基本工作。药品经营企业应该建立设施设备运行管理制度和设备清洁管理制度，确保设备的正常使用。在设施设备的使用管理过程中，应注意以下几点：明确设施设备的管理责任者、操作使用者；规定设施设备存放、使用的地点与环境；规范设备、仪器操作使用方法；建立仪器设备管理台账（见表3-2）；做好运行、使用记录，如实、及时地记录相关信息，并定期归档，纳入设备档案。设施设备、仪器的运行、使用记录，是追溯并证明药品验收、储存、养护等质量过程控制合法、有效的资料，应满足及时、完整、准确有效的要求。

表 3-2 仪器设备管理台账

编号：

序号	设备号	设备名称	规格型号	生产厂家	购置价格	购置日期	启用日期	配置地点	用途	使用与维护负责人	备注

二、计量检定管理

企业应当按照国家有关规定，定期对计量器具、温湿度监测设备等进行校准或者检定。质量管理部门负责计量器具与仪器的检定管理工作，定期联系计量检定主管部门进行检定校验。经检定合格的仪器设备，应有检定证书及检定合格标识。

根据《中华人民共和国计量法》相关规定，列入国家强制检定目录的仪器仪表，必须由国家检定机构进行检定或校验，检定或校验周期按国家规定来执行；没有列入国家强制检定目录的仪器仪表，也必须进行校验，但是检定机构既可以是仪器仪表的生产商，也可以是其他第三方有资质和校验能力的委托机构。企业可根据仪器仪表的使用频率,调整校验周期。使用频率高的仪器仪表可缩短校验周期,增加校验频次。

关于仪器仪表的校验,药品经营企业应该选择具有相关资质和经验的人员担任计量员,并根据国家法规和相关技术规范,进行仪器仪表的计量管理工作。根据国家计量管理有关法律法规,药品经营企业常用的属于国家强制检定的计量器具主要有分光光度计、砝码、天平、秤等。温湿度自动监测系统配置的测点终端属于国家非强制性检定计量器具,企业应当制定测点终端校准的相关制度,明确校准规程。企业应当对测点终端每年至少进行一次校准,并在校准时做好记录,出具计量校准报告或者计量校准证书。

三、档案管理

现行 GSP 规定,储存、运输设施设备的定期检查、清洁和维护应当由专人负责,并建立记录和档案。对储存、运输设施设备进行检查、清洁和维护,建立记录和档案,是企业规范化管理的基本要求,可以全面掌握设施设备的使用状况,提高设施设备的科学化管理水平,有效降低设施设备的故障发生率。

(一)设施档案管理

药品经营企业应该对设施的设计、施工、验收、验证和日常维护的相关文件进行管理。设施档案由工程部统一建立,相关部门提供技术支持,最后由档案室负责保管。工程部设施管理员应认真做好设施技术资料的收集、整理、填写、装订和保管工作,填写时字迹应规范、整齐、清楚。管理员对所有设施分别编号、分类登记。设施分为主要设施和一般设施,原则上都应该建立设施档案，填写《设施一览表》，做到每个设施都有档案。设施的档案应存放在专门的资料柜中，所有资料入档时，要有记录，如有借出，也必须有记录和相应领导的批复，严防资料丢失和损坏。使用部门需借阅的资料，一律以复印件借阅，并由档案管理员做好批准登记手续。每年应对设施档案进行整理，做到账、卡、物相符。一般情况下，设施档案需要长期保存。

关于设施档案，不同企业有不同要求，一般包括以下内容：

①封面；②设施基础信息（包括名称、位置、建设日期、启用日期、公司内部编号等）；③设计图纸等设计资料；④施工图纸等施工资料；⑤验收资料；⑥验证资料；⑦日常使用和维护资料；⑧变更资料；⑨其他资料。

（二）设备档案管理

设备管理员应认真做好设备技术资料的收集、整理、填写、装订和保管工作，填写时字迹应规范、整齐、清楚。设备的档案应存放在专门的资料柜中，所有资料入档时，要有记录，如有借出，也必须有记录和相应领导的批复，严防资料丢失和损坏。使用部门需借阅的资料，一律以复印件借阅，并由档案管理员做好批准登记手续。每年应对设备档案进行整理，做到账、卡、物相符。一般情况下，设备档案保存至设备报废后1年。

设备档案的形式，不同企业有不同规定，一般包括以下内容：

①封面；②设备基础信息；③设备选型报告；④设备采购合同或者协议；⑤设备验收报告；⑥设备随机资料（包括合格证、说明书或操作手册、安装说明和图纸、安全要求、电气图纸、关键部位材质说明等）；⑦设备验证方案和验证报告；⑧设备再验证文件；⑨设备维护记录；⑩设备检修记录；⑪设备变更记录。

第四章　药品采购管理

第一节　药品采购概述

药品经营企业应规范采购行为，保证从合法的企业采购合法的、质量可靠的药品。采购在企业中占据着非常重要的地位，购进产品的价值一般要占到最终产品销售价值的 40%～60%。一般来说，采购管理应遵循以下原则：建立完善的供应商评审体系，对具体的供应商、评审程序、评审方法等作出明确的规定；建立采购流程、价格审核流程、验收流程、付款结算流程；完善采购人员培训制度，保证采购流程有效实施；完善价格评审相关程序，杜绝暗箱操作；规范样品确认制度，分散采购部的权力，不定期地监督、规范采购行为；建立相应奖励制度等。药品采购管理是确保企业经营行为合法性，保证药品经营质量的关键环节，不容忽视。

一、药品采购的原则

药品经营企业应坚持"以质量为前提，择优采购，以销定购"的原则，合理编制采购计划，严格管控药品质量安全，规范采购行为，保证合法经营。在保证药品质量安全、采购途径合法的前提下，采购决策还应该以正确的商业导向为基础，反映跨职能的方法，并且以改善公司的采购底线成本为目的。一般情况下,采购时要注意以下几点:①环节精简原则,尽量压缩进货环节,加快采购速度。②路线最短原则,在商品价格相近的情况下,就近采购。③省时原则,尽量减少中转手续,节约时间。④经济节约原则,从各方面节省采购成本。

因此,要想制定一个采购和供应战略,就必须对企业的全盘经营方针有一个全面的理解。采购决策不能孤立地制定,不能仅以采购业绩最优为目标,制定采购决策时应该综合考虑这些决策对于其他主要活动的影响,平衡所有总成本。

二、现行 GSP 对药品采购的要求

根据现行 GSP 的规定,企业的采购活动应符合以下要求:①确定供货单位的合法资质;②确定所购入药品的合法性;③核实供货单位销售人员的合法资格;④与供货单位签订质量保证协议。

采购中涉及的首营企业、首营品种,采购部门应当填写相关申请表格,经过质量管理部门和企业质量负责人的审核批准,必要时组织实地考察,对供货单位质量管理体系进行评价。

(一)供货企业合法性的审核

经过相关部门批准,并取得合法资质的供货企业称为合法的供货企业。供货企业合法性的审核主要是指对其相关资质的审核。资质包括药品生产许可证、药品经营许可证,以及营业执照、组织机构代码、税务登记等证件;经营麻醉药品和精神药品、易制毒化学品、医疗用毒性药品、罂粟壳、放射性药品、蛋白同化制剂、肽类激素等特殊管理和专项管理药品的,应有相应地区相关部

门的批准文件。采购前，应要求供货单位提供盖有对方公章的以上资质材料，按照其不同的管辖属性，到相应的网站查询，或者电话联系原批准单位进行核实。所有资质均应在有效期内。

（二）采购药品合法性的审核

对于采购的药品，应对其合法性进行审核。我国药品实行批准文号管理，未经批准的药品，不得上市（没有实施批准文号管理的中药材、中药饮片除外）；除此之外，药品货源渠道必须合法，即必须从合法的药品生产企业或者合法的药品经营企业购进药品；药品质量标准必须依据法定的国家药品标准或者地方标准制定；采购进口药品必须向进口药品经销企业索取进口药品注册证和口岸药品检验所的进口药品检验报告书复印件，并加盖企业公章，以留存备查。

首次采购的药品应当经过质量管理部门审核，发生业务后质量管理部门应保持对购进药品合法审核的延续性，在所有购进期间，该药品的批准文件均应是合法的。

（三）供货单位销售人员的合法性的审核

为保证供货单位销售人员身份真实可靠，质量管理部应对供货单位销售人员的资质进行审核，防止假冒身份、挂靠经营、超委托权限从事违法销售活动。根据现行 GSP 规定，企业应当核实、留存供货单位销售人员以下资料：①加盖供货单位公章原印章的销售人员身份证复印件；②加盖供货单位公章原印章和法定代表人印章或者签名的授权书，授权书应当载明被授权人姓名、身份证号码，以及授权销售的品种、地域、期限；③供货单位及供货品种相关资料。

发生业务后，质量管理部门应当保持对供货单位销售人员合法资质审核的延续性，在与该业务员发生业务期间，业务员资质均应是合法的。值得注意的是，法人委托授权书有效期不得超过 1 年。

（四）质量保证协议的审核

采购药品时应该对供货单位提出明确质量要求，签订质量保证协议。协议中规定的质量要求应得到双方充分理解和认可，并应当符合协议约定的内容。根据现行 GSP 的规定，企业与供货单位签订的质量保证协议至少包括以下内容：①明确双方质量责任；②供货单位应当提供符合规定的资料且对其真实性、有效性负责；③供货单位应当按照国家规定开具发票；④药品质量符合药品标准等有关要求；⑤药品包装、标签、说明书符合有关规定；⑥药品运输的质量保证及责任；⑦质量保证协议的有效期限。

现行 GSP 明确要求与供货单位签订质量保证协议，不再有工商间和商商间的区分，并且列出了质量保证协议中应有的内容。质量保证协议的签订对供货单位起到了很好的约束作用，且对双方权责的界定有了明确的依据。

三、药品采购的方法

企业采购药品需要选择合适的采购渠道和方式。

（一）药品采购渠道

1.批发和零售连锁企业

批发和零售连锁企业采购药品的渠道主要有五个：①从国内药品生产企业采购；②从国内营销企业采购；③从中外合资企业采购；④从国外进口；⑤从国家储备库拨出更新。

2.零售企业

零售企业采购药品的渠道主要有三个：①从当地药品批发企业采购；②从当地药品生产企业采购；③从外地药品企业采购。

（二）采购方式

1.市场选购

市场选购是指企业根据市场需求和自身经营能力，自主从供货方已有的药品中选择购进适合的品种和数量。

2.合同订购

合同订购主要是指供方现有品种或数量不能满足企业和市场需要，进货企业与供货单位签订订购合同，按合同产销。

3.招标采购

招标采购是目前采购的趋势，主要是需方企业发布药品需求信息，具有资格的生产或经营企业投标，需方企业根据投标方提供的药品品质和价格进行选择，以价格最低、质量最优者中标。中标后双方签订采购合同。

4.代理式采购

代理式采购也叫代销制，是指企业与药品供应单位订立合约，在一定区域内垄断销售某些药品，在办理进货手续的同时，代理企业获得药品的所有权，形成"风险共担、利益共享"的局面。此采购方式前期投入资金多，风险较高。

5.代批代销式采购

在代批代销式采购中，企业受供方委托代销药品，在药品售出以前，药品的所有权归委托单位；在药品售出以后，办理进货手续并结算货款。代批代销不占用企业的流动资金，并有利于供货方的产品推销，是一种有利于调动供需企业双方积极性的购销方式。

6.网络采购

随着电子商务的迅猛发展，药品网络营销已走入常态化，企业可直接通过网络采购药品。其优势是节约流通成本，缩短收集市场信息和完成采购的时间，有利于企业把握机遇，提高效益。

四、药品采购流程

药品采购要遵循企业制定的流程，一般来说，采购企业在药品采购前要对供货方合法性、质量信誉材料等进行收集及初审。

供货商提供企业资质和产品资料；采购企业审核批准后，双方签订供货合同；由采购企业向供货商银行账户转账汇款；收到货款后，供货商安排发货；采购企业收货，购货完成。具体流程如图 4-1 所示。

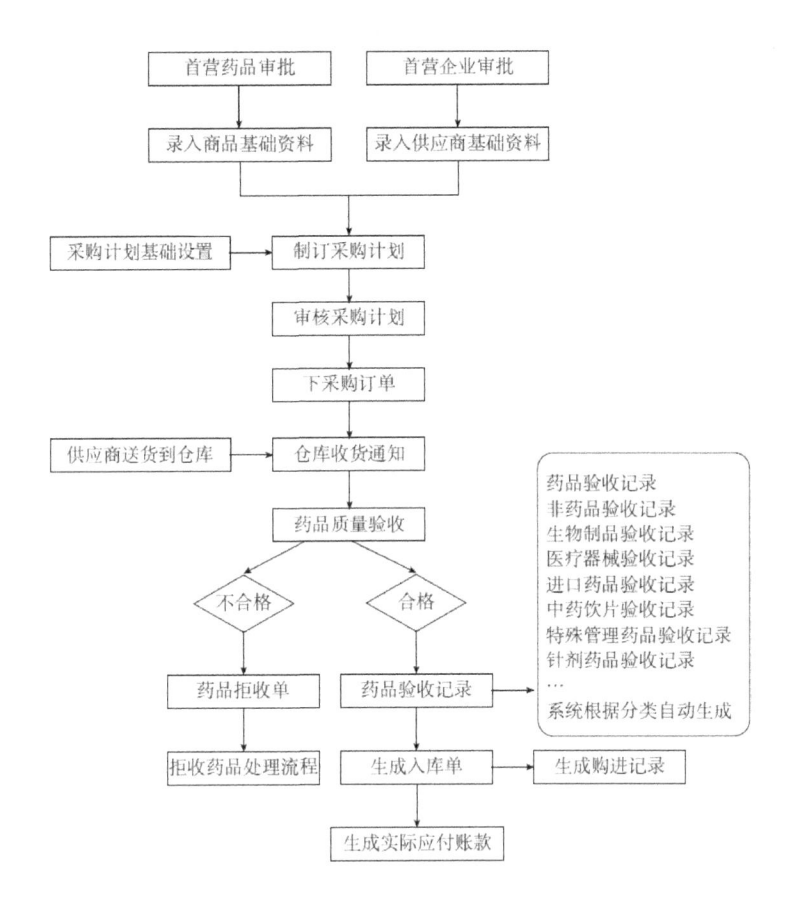

图 4-1 药品采购流程示意图

第二节 采购合同管理

通过供应商资格审核后，企业根据对医药市场药品供需情况的调查和研究，向合适的供应商采购所需药品。采购必须签订正式的药品采购合同，尤其

57

是合同中必须含有质量保证协议,以确保药品的质量安全。

药品采购合同是为了规范药品采购交易行为,防范和控制药品采购风险而设立的。药品采购合同是指在药品采购过程中,与药品供应商协商并签订的协议和合同等,内容一般包括贸易与结算条款、质量保证条款、违约责任等。

一、订立合同的原则与程序

(一)订立合同的原则

为保证合同的顺利履行,预防合同纠纷,药品采购合同的签订应该遵循以下原则:

1.法人原则

合同的当事人必须具备法人资格。这里的法人,是指有一定的组织机构和独立支配财产,能够独立从事商品流通活动或其他经济活动,享有权利和承担义务,依照法定程序成立的企业。当事人应当以自己的名义签订经济合同。委托别人代签,必须有委托证明。

2.合法原则

合法原则也就是必须遵照国家的法律、法规和政策签订合同,其内容和手续应符合有关合同管理的具体条例和实施细则的规定。

3.平等互利原则

必须坚持平等互利,充分协商达成一致的原则签订合同。

4.书面原则

采购合同应当采用书面形式。当然,可以预先口头要约。

（二）采购合同的评审流程

企业对拟订立的采购合同，都应建立合同档案。凡有关合同履行、变更和解除的往来文书、电话记录、电报、传真均需归档。采购合同评审流程见图 4-2。

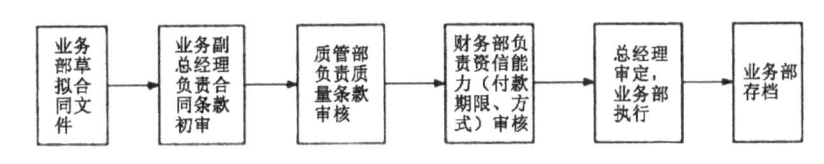

业务部草拟合同文件 → 业务副总经理负责合同条款初审 → 质管部负责质量条款审核 → 财务部负责资信能力（付款期限、方式）审核 → 总经理审定，业务部执行 → 业务部存档

图 4-2 采购合同的评审流程

（三）订立合同的程序

订立合同的程序是指合同当事人双方对合同的内容进行协商，达成共识，并签署书面协议的过程。一般有以下几个环节：

1.订约提议

订约提议是指当事人一方向对方提出的订立合同的要求或建议，也称要约。订约提议应提出订立合同所必须具备的主要条款和希望对方答复的期限等，以供对方考虑是否订立合同。提议人在答复期限内不得拒绝承诺。

2.认可承诺

承诺，是指受约人完全接受订立合同的提议。受约人对合同条款部分或附加条件的同意，则不是承诺，而是提出新要约，这时就需要进一步协商。

接受提议是指提议被对方接受，双方对合同的主要内容表示同意，经过双方签署书面契约，合同即可成立，也称承诺。承诺不能附带任何条件，如果附带其他条件，应认为是拒绝要约，而提出新的要约。新的要约提出后，原要约人变成接受新的要约的人，而原承诺人成了新的要约人。实践中签订合同的双方当事人，会就合同的内容反复协商。

3.填写合同

应认真、仔细填写合同文本。

4.司法公证

必要时，报请见证机关见证，或报请公证机关公证。有的经济合同，法律规定还应获得主管部门的批准或工商行政管理部门的签证。对没有法律规定必须签证的合同，双方可以协商决定是否见证或公证。

5.谨慎履约

应谨慎、严格履行签约手续。

二、药品采购合同的内容

药品采购合同的基本内容一般包括药品质量信息、包装、运输方式、买方与卖方的责任、违约责任等。

药品的质量信息一般包括药品的品种、剂型、数量、规格、采购金额等，在签订合同时，要和企业药品采购清单（表4-1）所列内容保持一致。

运输方式要按照药品需要的方式与供应商沟通，尤其是冷链药品，一定要确保药品的运输方式和法规要求一致。

在签订药品采购合同时，最重要的就是买方与卖方的责任以及违约责任的归属。卖方要承担的责任包括保证药品质量符合要求，运输方式与签订内容一致，到货日期与买方要求一致等。买方要承担的责任则是按照合同约定的付款方式和日期进行交付等。如果买方和卖方没有达成合同上所规定的要求，就构成了违约责任。违约责任也要在合同上有所体现。

表 4-1　药品采购清单

序号	药品通用名	药品商用名	剂型	规格	转换系数	包装规格	质量层次	中标价	采购价	采购数量	金额	生产企业	备注

三、质量保证协议

现行 GSP 规定，企业与供货单位签订的质量保证协议至少包括以下内容：明确双方质量责任；供货单位应当提供符合规定的资料且对其真实性、有效性负责；供货单位应当按照国家规定开具发票；药品质量符合药品标准等有关要求；药品包装、标签、说明书符合有关规定；药品运输的质量保证及责任；质量保证协议的有效期限。

现行 GSP 对质量保证协议进行了严格的规范要求，可见药品质量协议在药品采购当中具有重要地位。质量保证协议是为了保证供应商提供的药品符合法律要求所签订的协议，协议的生效表明供应商以及其提供的药品质量是符合法律要求的。协议的内容包括对供应商资质的审核，要验证其生产资质或经营资质，并确保证明这些资质的材料是有效、真实的。在采购药品之前，供应商可以提供一系列的样品供买方进行检验，确保药品质量符合药品标准等要求。到货后，要保证药品的包装、标签和说明书等符合要求。同样，影响药品质量的药品运输方式也应当体现在药品质量协议当中,要保证药品在运输途中质量稳定。

第三节 药品分类采购

一、首营品种的采购

首营品种指本企业首次采购的药品。现行 GSP 规定,采购首营品种应当审核药品的合法性,索取加盖供货单位公章原印章的药品生产或者进口批准证明文件复印件并予以审核,审核无误的方可采购。因此,企业在对首营药品进行采购时,要进行详尽的审核,审核的内容包括药品的品名、规格、单位、储存条件、性能、质量标准、疗效等。

药品经营企业必须对首营品种的合法性和首营品种质量基本情况进行审核。审核由采购人员会同质量管理人员共同进行。

采购人员负责向首营品种的生产或经营企业索取资料并进行初审。应索取加盖供货单位公章原印章的药品生产或者进口批准证明文件复印件并予以审核,审核无误的方可采购。首营品种所有材料应完整、清晰、有效,不符合以上要求的材料,质量管理人员配合采购人员重新向首营品种的供货企业索取。采购人员对以上材料进行初审后填写《首营品种审批表》,在《首营品种审批表》上签署初审意见,提交质量管理人员审核。

质量管理人员对采购人员提交的首营品种资料进行审核,审核首营品种供货企业提供材料的完整性、真实性和有效性，审核首营品种的证明文件是否符合规定。

首营品种材料审核合格后，由质量管理审核人在《首营品种审批表》上签署审核意见并签字，报企业质量负责人审批。

企业质量负责人在《首营品种审批表》上签署审批意见并签字，审批通过后方可经营。首营品种首次到货，必须查验该品种该批药品检验报告书，无药品检验报告书不得验收入库。首营品种的所有审核材料由质量管理部门按药品质量档案管理要求归档保存。未通过审核批准的首营品种，任何人不得擅自购进经营。

二、直调药品的采购

直调药品是指将已购进但未入库的药品，从供货方发送到向本企业购买同一药品的需求方。直调药品分为"厂商直调"和"商商直调"两种。厂商直调即本企业将经营药品从药品生产厂商直接发运至药品购进单位的经营形式；商商直调即本企业将经营药品从药品经营企业直接发运至药品购进单位的经营形式。直调药品的供货企业，必须是列入本企业合格供货方名单的药品生产或药品批发企业。收货单位应是具备合法资格的药品生产、经营、使用单位。直调药品的采购流程如图4-3所示。

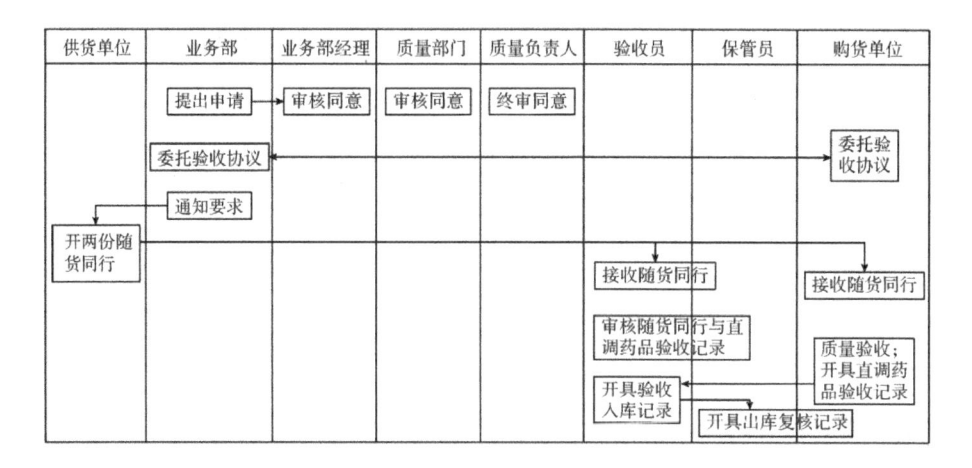

供货单位	业务部	业务部经理	质量部门	质量负责人	验收员	保管员	购货单位
	提出申请 →	审核同意 →	审核同意 →	终审同意			
	委托验收协议						委托验收协议
	通知要求						
开两份随货同行					接收随货同行		接收随货同行
					审核随货同行与直调药品验收记录		质量验收；开具直调药品验收记录
					开具验收入库记录	开具出库复核记录	

图 4-3 直调药品的采购流程

三、特殊管理药品的采购

我国对麻醉药品、精神药品、医疗用毒性药品、放射性药品、药品类易制毒化学品等实行特殊管理。在进行特殊药品的采购时，首先要掌握与麻醉、精神药品相关的法律法规和政策；同时要配备工作责任心强、业务熟悉的药学专业技术人员，由其负责麻醉、精神药品的采购及管理工作，明确责任；进行特殊药品采购的人员应保持相对稳定；采购时，要根据本单位需要，按有关规定购进麻醉、精神药品，保持合理的库存。购买药品时付款应当采取银行转账方式；麻醉、精神药品入库验收必须货到即验，至少双人开箱验收，清点验收到最小包装，验收记录双人签字；入库验收应采用专簿记录，记录内容包括日期、凭证号、品名、剂型、规格、单位、数量、批号、有效期、生产单位、供货单位、质量情况、验收结论，验收和保管人员签字；在验收中发现缺少、破损的，应双人清点登记，报单位领导批准并加盖公章后向供货单位查询，并报当地药品监管部门处理；麻醉、精神药品库必须配备保险柜，门窗有防盗设施。二级以上和有条件的单位应安装报警装置。使用量大的麻醉、精神药品库应与110报警系统联网。

采购二类精神药品时，必须向合法的生产企业或具有经市药品监督管理部门批准的经营单位采购。二类精神药品入库验收必须货到即验，双人开箱验收，验收记录双人签字；入库验收应采用专簿记录，记录内容包括日期、凭证号、品名、剂型、规格、单位、数量、批号、有效期、生产单位、供货单位、质量情况、验收结论，验收和保管人员签字；对进出库（柜）的二类精神药品建有专用账册，进行逐笔记录，记录内容包括日期、凭证号、领用部门、品名、剂型、规格、单位、数量、批号、有效期、生产单位，发药人、复核人和领用人签字，做到账、物、批号相符，实行批号管理和追踪；必要时应能及时查找或追回；过期、失效或破损的二类精神药品必须登记在册，经上级部门批准后方可销毁，并对销毁情况进行登记，记录内容包括销毁日期、地点、品名、规格、剂型、数量、方式，销毁批准人、销毁人、监督人签字；购买的二类精神药品只限于在本单位流转，不得擅自转让或借用给其他单位；发现二类精神药品在运输、储存、保管过程中发生丢失或被盗、被抢的应当立即报告当地公安部门、药品监管部门和卫生健康主管部门。

第四节　发票、采购记录管理以及进货情况质量评审

一、发票管理

为规范药品经营企业的药品采购行为，确保药品质量安全有效、药品购进渠道正规合法，实现药品购进可追溯、质量事故可索赔、逃税漏税可清查，药品经营企业购进药品时必须向供货单位索取增值税专用发票或者增值税普通发票，实施发票管理。

（一）发票的内容

现行 GSP 规定，企业与供货单位签订的质量保证协议中必须包括供货单位应当按照国家规定开具发票的内容。

采购药品时，企业应当向供货单位索取发票。发票应当列明药品的通用名称、规格、单位、数量、单价、金额等。不能全部列明的，应当附《销售货物或者提供应税劳务清单》，并加盖供货单位发票专用章原印章，注明税票号码。

（二）发票的管理要点

①采购发票或应税劳务清单所载内容应与采购记录、供货单位提供的随货同行单内容保持一致。

②采购发票或应税劳务清单所载内容应与购进药品电子监管码的核注记录一致。

③应在税务局网站上核实采购发票的合法性。发票的开具时间必须符合国家税法有关规定，发票内容应当结合药品电子监管码记录予以核实。

④采购发票的付款方式应与签订合同、财务制度规定一致。

⑤企业付款流向及金额、品名应与采购发票上的购、销单位名称及金额、品名一致，与供货单位作为首营企业审核时档案中留存的开户行和账号一致，并与财务账目内容相对应。不符合规定的发票，不得作为财务报销凭证，任何单位和个人有权拒收。此要求的目的是防止"走票"。

⑥发票应与实际物流一致，药品到货验收时，药品、发票（清单）、随货同行单，必须一一对应，做到票（发票和随货同行单）、账、货相符，与资金流对应。

⑦采购付款方式是现金的，应与供货单位电话核实，符合财务制度规定，并不超过财务制度中规定的最大现金支付额度。采购付款使用银行承兑结算的，应通过电话等方式向上、下家询问核实。特殊管理的药品及国家有专门管理要求的药品的货款应汇到供货单位的银行账户，不得使用现金结算。

⑧采购发票应按照有关规定，至少保存5年。

（三）索取发票的必要性

药品安全关系到人民群众的身体健康和生命安全，消除药品安全隐患是政府监管部门的职责要求，也是政府重点民生工程之一。相关法律规定，药品生产企业、药品经营企业、医疗机构必须从具有药品生产、经营资格的企业购进药品。

目前，进入市场的药品供应商，除批发企业、医药代表外，还存在不具有合法资格的流动和挂靠经营的人员，他们购销药品的行为给药品安全管理带来隐患。而药品经营企业采购药品时索取发票能够作为确定供货单位合法性的证据，对保证药品质量起到至关重要的作用。严格发票管理的目的是希望通过对资金流、票据的强化管理，使流通渠道规范化，实现药品购进可追溯，发生质量事故可索赔，防止"挂靠经营"等违法行为和经销假、劣药品的违法活动的发生，同时防止逃税、漏税。

二、采购记录管理

现行 GSP 规定，采购药品应当建立采购记录。采购记录应当有药品的通用名称、剂型、规格、生产厂商、供货单位、数量、价格、购货日期等内容，采购中药材、中药饮片的还应当标明产地。

药品购进记录（见表 4-2）是《中华人民共和国药品管理法》强制要求的记录。《中华人民共和国药品管理法》规定，药品经营企业购销药品，应当有真实、完整的购销记录。企业对所有采购药品必须建立完整的记录，以便企业自身和药品监督管理部门对企业采购的药品进行追踪溯源。采购记录是采购部门工作的一个真实记录。

①采购记录应由负责采购的业务部门进行记录。

②采购记录在企业的计算机系统中，应当根据采购计划自动生成，由计算机系统进行管理和记录，计算机系统应有权限。采购记录生成后任何人不得随意修改，如确实需要修改，应按有关规定执行。

③修改采购记录时，应有规定的办法和相应的权限，应保存修改前后的原始数据，并注明修改原因，以保证数据的真实性和可追溯性。

④采购记录应按日备份，至少保存 5 年。

表 4-2 药品购进记录

序号	药品通用名称	剂型	规格	生产厂商	供货单位	数量	价格	购货日期	备注

三、进货情况质量评审

现行 GSP 规定，企业应当定期对药品采购的整体情况进行综合质量评审，建立药品质量评审和供货单位质量档案，并进行动态跟踪管理。企业对药品采购情况进行定期综合质量评审，建立药品质量评审档案和供货单位质量档案，有利于保证供货渠道的优质、高效。

（一）建立药品采购的质量评审机制

1.定期评审

企业应当定期对采购药品全过程质量情况进行综合评审，回顾性地对所采购的药品在经济效益和风险方面进行评估，为采购决策提供依据。定期评审一般 1 年进行 1 次。

2.动态评审

对供货单位信誉、购进药品的质量、投诉的处理、售后服务等进行质量评审，及时发现采购环节存在的质量问题。动态评审一般 3 个月进行 1 次。

（二）评审的组织

企业应当成立由质量管理部、采购部、销售部、储运部等共同组成的评审小组，应制定相应的管理制度，落实责任，制订评审计划，确定评审标准，按规定开展评审工作。

（三）评审的内容

药品采购质量评审内容应包括收货拒收、验收不合格、销后退回、售后投诉等药品质量管理情况，以及监督抽验情况、供货单位质量信誉等。

（四）评审的要求

①建立药品供货单位质量档案，并及时更新，进行动态跟踪管理。
②药品采购质量评审应定期进行，至少一年评审一次，有评审报告。
③建立药品采购质量评审档案，包括工作计划、评审记录、评审报告、对下一年度确定供货单位的建议、采购工作的改进办法等。药品采购质量评审档案应及时更新，进行动态跟踪管理。

（五）评审方法

审核和验证、现场考察。

（六）评审的结果

应当建立供货单位退出机制，根据评审结果，停止从质量不可靠和质量信誉不良的企业采购药品，保证采购药品质量的安全可靠。

第五章 药品的收货与验收管理

第一节 药品收货与验收的概念与程序

与药品的采购息息相关的是药品的收货与验收环节。现行 GSP 规定,药品到货时,收货人员应当核实运输方式是否符合要求,并对照随货同行单(票)和采购记录核对药品,做到票、账、货相符。收货与验收管理可以核实供货渠道的合法性和到货药品的正确性,能够有效杜绝假药或者来自非法渠道的供货,是药品流通过程中极为重要的环节。近年来,国家加大了对药品流通过程的监管力度,更加详细地制定了药品收货和验收标准。

一、药品收货与验收的概念

收货是指药品经营企业对到货药品,通过票据的查验,对货源和实物进行检查和核对,并将符合要求的药品按照其特性放入相应待验区的过程,包括票据之间核对,票据与实物核对,运输方式和运输条件的检查以及放入待验区等。

验收是指验收人员依据国家药典、相关法律法规,以及企业验收标准,对采购药品的质量状况进行检查的过程,包括查验检验报告、抽样、查验药品质量状况、记录等。

实际上,收货是对货源和到货药品实物进行查验的过程,药品经营企业在接收供货企业提供的药品时,应当根据法定标准、质量保证协议(或者质量协议)和合同规定的质量条款,逐一确认接收药品是否符合规定,并留有记录。验收则是对到货药品实物质量状况进行检查的过程,是防止错误接收假药、劣药,杜绝未经批准供货企业的药品、不合格药品进入流通领域的有效保证。

二、收货与验收的程序

(一)收货的程序

现行 GSP 规定,企业应当按照规定程序和要求对到货药品逐批进行收货,防止不合格药品入库。药品到货时,收货人员应当核实运输方式是否符合规定,并对照随货同行单(票)和采购记录核对药品。冷藏、冷冻药品到货时,如不符合温度要求,则应拒收。仓库应设置待验区,符合要求的药品应放入相应待验区域,通知验收。具体程序如下:

1.运输工具检查

检查运输工具是否密闭,如发现运输工具内有雨淋、腐蚀、污染等可能影响到药品质量的现象,应及时通知采购部门并报质量管理部门处理。

2.运输时限检查

根据运输单据所载明的启运日期,检查是否符合协议约定的在途时限,对不符合约定时限的,报质量管理部门处理。

3.运输状况检查

供货方委托运输药品的,企业采购部门要提前向供货单位索要委托运输的承运单位、承运方式、启运时间等信息,并将上述信息告知收货人员;收货人员在药品到货后，逐一核对上述内容，内容不一致的，通知采购部门并报质量管理部门处理。

冷藏、冷冻药品到货时，要查验冷藏车、车载冷藏箱或保温箱的温度状况，核查并留存运输过程和到货时的温度记录；记录由送货人、司机及接货单位人员共同签字，一式两份；对未采用规定的冷藏设备运输或温度不符合要求的，应当拒收，同时对药品进行控制管理，做好记录并报质量管理部门处理。表 5-1 为药品拒收报告单。

表 5-1　药品拒收报告单

通用名称		商品名称		供货单位	
剂型		规格		数量	
生产企业		批号		有效期	
拒收原因			验收员：	年　月　日	
业务部意见			负责人：	年　月　日	
质量管理部门意见			负责人：	年　月　日	

4.运输票据检查

药品到货时，收货人员应当查验随货同行单（票）以及相关的药品采购记录。对以下情况拒收：

①无随货同行单（票）或无采购记录的应当拒收。

②随货同行单（票）记载的供货单位、生产厂商，药品的通用名称、剂型、规格、批号、数量，收货单位、收货地址、发货日期等内容，与采购记录以及本企业实际情况不符的，应当拒收，并通知采购部门处理。

5.票据、药品核对

（1）随货同行单（票）与药品实物核对

随货同行单（票）中记载的药品信息（通用名称、剂型、规格、批号、数量、生产厂商等内容）与药品实物不符的，应当拒收，并通知采购部门进行处理。

（2）随货同行单（票）或到货药品与采购记录核对

随货同行单（票）内容中，除数量以外的其他内容与采购记录、药品实物不符的，由采购部门负责与供货单位核实，经供货单位确认并提供正确的随货同行单（票）后，方可收货。

随货同行单（票）与采购记录、药品实物数量不符的，由采购部门负责与供货单位核实，经供货单位确认后，应当由采购部门确定并调整采购数量，随后，方可收货。

供货单位对随货同行单（票）与采购记录、药品实物不符的内容，不予确认的，应当拒收，存在异常情况的，报质量管理部门处理。

6.药品包装检查

收货人员应当拆除药品的运输防护包装，检查药品外包装是否完好，对出现破损、污染、标识不清等情况的药品，应当拒收。

7.退货药品的收货

收货人员要依据销售部门确认的退货凭证或通知对销后退回药品进行核对，确认为本企业销售的药品后，方可收货并放置于符合药品储存条件的专用待验场所。

对销后退回的冷藏、冷冻药品，根据退货方提供的温度控制说明文件和售出期间温度控制的相关数据，确认符合规定条件的，方可收货；对于不能提供文件、数据，或温度控制不符合规定的，应当拒收，并做好记录，报质量管理部门处理。

8.通知验收

收货人员将核对无误的药品放置于符合待验药品储存温度要求的待验区域内（冷藏、冷冻药品应当在冷库内待验），并在随货同行单（票）上签字，移交验收人员。

（二）验收的程序

验收人员根据随货同行单（票），严格按照规定的验收标准验收。现行GSP规定，验收药品应当按照药品批号查验同批号的检验报告书。供货单位为批发企业的，检验报告书应当加盖其质量管理专用章原印章。检验报告书的传递和保存可以采用电子数据形式，但应当保证其合法性和有效性。特殊管理的药品应当按照相关规定在专库或者专区内验收。

验收完成后，验收人员需在入库通知单上注明验收结论并盖章；通知仓库保管人员办理入库交接手续。仓库保管人员对药品进行核实后，同验收员办理入库手续；根据验收结论，确定药品的储存位置，放置状态标志，建立库存记录。验收人员根据药品验收实际情况，做好质量验收记录。验收入库通知单见表5-2。

表5-2 验收入库通知单

序号	通用名称	商品名称	剂型	规格	批号	有效期	数量	生产企业	供货单位	到货单位	验收日期	备注

第二节 验收的方法与记录

一、验收的方法——抽样

现行 GSP 规定，企业应当按照验收规定，对每次到货药品进行逐批抽样验收，抽取的样品应当具有代表性。因此，在整个验收过程中，药品企业应根据自身经营状况，制定相应的验收抽样方法，降低验收的失误率。

（一）抽样的原则

验收抽取的样品应具有代表性，即必须保证抽取的样品能准确反映被验收药品总体的质量状况。企业应按照自身经营的情况，依据科学、高效的原则，制定抽样方法，保证抽样验收工作有序开展。

（二）抽样数量

1.抽取件数

整件数量在 2 件及以下的应当全部抽样检查；整件数量在 3~50 件的至少抽样检查 3 件；整件数量在 50 件以上的每增加 50 件，至少增加抽样检查 1 件，不足 50 件的按 50 件计。

2.抽取最小包装数

每件整包装中至少抽取 3 个最小包装样品进行验收；发现封口不牢、标签污损、有明显质量差异或外观异常时，应加倍抽取。

3.散件药品的抽样

到货散件药品需逐箱检查，对同一批号的药品，至少抽取一个最小包装进行检查。

（三）抽样步骤与方法

1.抽样步骤

按验收批次的药品实物总件数计算应抽取件数。

按计算抽取件数抽取样品。

2.抽样方法

整件药品样品：按堆垛情况，分别从每垛的前上、侧中、后下位置随机抽取。

最小包装样品抽取：从每件上、中、下不同位置随机抽取。

如果生产企业有特殊质量管理需求或者打开最小包装可能对药品质量有影响的，可不打开最小包装；外包装以及封签完整的原料药、实施批签发管理的生物制品，可不开箱检查。

开启最小包装时，应在验收专用场所（验收养护室）内进行。开启后包装不能复原的，不能再作正常药品销售；抽样验收完毕后，应将抽取样本的药品包装复原、封箱及标记。

3.特殊管理的药品

应在专区双人验收并验收到最小包装。

（四）验收结果判定

当药品验收完成后，相关验收人员应根据流程，给出明确的判定结果。判定结果有以下几种可能：

1.合格

凡判定验收合格的药品，可直接完成后续合格认定手续。

2.不合格

凡判定为不合格或判定有疑问时，应报质量管理机构确定。

3.可直接判定为不合格药品的情况

①未经药品监督管理部门批准的药品，无批准文号（另有规定的药品除外）；②整件包装中无出厂检验合格证的药品；③标签、说明书的内容不符合药品监督管理部门批准范围，不符合规定、没有规定标志的药品；④购自非法药品市场或生产企业不合法的药品，如生产单位无药品生产许可证，或经营单位无药品经营许可证的；⑤性状外观与合格品有明显差异的药品；⑥内外包装有明显破损、封口不严的药品；⑦对于需要特殊运输控制的药品，供货单位不能提供监控数据以证明运输控制符合规定的。

二、验收的记录

药品的验收记录是医药类企业质量检查验收的核心资料。它需要根据验收的实际情况，将验收药品的质量状况真实、完整、有效地记录下来，再作出明确的验收结论。根据现行GSP的规定：

①验收记录应包括药品的通用名称、剂型、规格、批号、批准文号、生产日期、有效期、生产厂商、供货单位、到货数量、到货日期、验收合格数量、验收结果、验收人员的签名和验收日期等内容。

②中药材验收记录应当包括品名、产地、供货单位、到货数量、验收合格数量等内容。中药饮片验收记录应当包括品名、规格、批号、产地、生产日期、生产厂商、供货单位、到货数量、验收合格数量等内容，实施批准文号管理的中药饮片还应当记录批准文号。

③销后退回药品应建立专门的验收记录，包括退货单位、退货日期、通用

名称、规格、批准文号、批号、生产厂商（或产地）、有效期、数量、验收日期、退货原因、验收结果和验收人员等内容。

④验收不合格的还应注明不合格事项及处置措施。

⑤企业对验收记录的保存应不少于5年。

第三节 验收的主要内容

药品验收是药品经营过程中的关键环节，《中华人民共和国药品管理法》规定，药品经营企业采购药品，应当建立并执行进货检查验收制度，验明药品合格证明和其他标识，不符合规定要求的，不得购进和销售。本节主要对验收的内容进行介绍。

一、药品质量检查项目

对购进药品及销后退回药品进行质量检查验收时，除了查看包装标签、说明书以及有关证明文件，还要对质量有怀疑或性质不稳定的药品进行外观质量抽查，检查时，以《中华人民共和国药典》附录规定的制剂性状为基本依据，同时注意制剂变质的有关性状。对内在质量有怀疑时，应送县级以上药品检验机构检验确定。

对药品的外观质量进行检查验收时，应根据验收养护室所配备的设施设备条件及企业实际管理的需要，确定质量检查项目，一般应对澄明度、装量差异、片重差异等项目进行检查。

（一）包装质量检查

①外包装检查内容：包装箱是否牢固、干燥；封签、封条有无破损；包装箱有无渗液、污损及破损。外包装上应清晰注明药品名称、规格、产品批号、生产日期、有效期、储藏、批准文号、运输注意事项和其他标记（如特殊管理药品、外用药品、非处方药标识等），有关特定储运标志的包装印刷应清晰标明，危险药品必须符合危险药品包装标志要求。

②内包装检查内容：容器应用合理，清洁、干燥、无破损；封口严密；包装印字清晰，瓶签粘贴牢固。

（二）包装标签和说明书检查

药品包装必须按照规定印有或者粘有标签，不得夹带其他任何介绍或者宣传产品、企业的文字、音像及其他资料。

①药品的标签是指药品包装上印有或者贴有的内容，分为内标签和外标签。药品内标签指直接接触药品的包装的标签，外标签指内标签以外的其他包装的标签。

②药品生产企业生产供上市销售的最小包装必须附有说明书。

③药品的标签应当以说明书为依据，其内容不得超出说明书的范围，不得印有暗示疗效、误导使用和不适当宣传产品的文字和标识。

④药品说明书和标签中的文字应当清晰易辨，标识应当清楚醒目，不得有印字脱落或者粘贴不牢等现象，不得以粘贴、剪切、涂改等方式进行修改或者补充。

非处方药包装上有椭圆形的 OTC 标识，甲类是红底白字，乙类是绿底白字；外用药品的包装上有红底白字"外"字的四方形专用标识，无警示语。

非处方药包装和说明书必须使用非处方药专有标识，药品说明书和大包装可以单色印刷，但需在专有标识下方标示"甲类"或"乙类"字样。非处方药专有标识必须标示在药品标签、说明书和每个销售基本单元包装的右上角。

麻醉药品、精神药品、医疗用毒性药品、放射性药品的标签，必须印有规定的标志。

蛋白同化制剂和肽类激素及含兴奋剂类成分的药品应标明"运动员慎用"警示语。

⑤药品生产企业可以在药品说明书或者标签上加注警示语。

⑥药品说明书核准日期和修改日期应当在说明书中醒目标示。

⑦药品的内标签应当包含药品通用名称、适应症或者功能主治、规格、用法用量、生产日期、产品批号、有效期、生产企业等内容。

对注射剂瓶、滴眼剂瓶等因标签尺寸限制无法全部标明上述内容的，至少应当标注药品通用名称、规格、产品批号、有效期等内容；中药蜜丸蜡壳至少注明药品通用名称。

⑧药品外标签应当注明药品通用名称、成分、性状、适应症或者功能主治、规格、用法用量、不良反应、禁忌、注意事项、储藏要求、生产日期、产品批号、有效期、批准文号、生产企业等内容。适应症或者功能主治、用法用量、不良反应、禁忌、注意事项不能全部注明的，应当标明主要内容并注明"详见说明书"字样。

⑨原料药的标签应当注明药品名称、储藏、生产日期、产品批号、有效期、执行标准、批准文号、生产企业，同时还需注明包装数量以及运输注意事项等必要内容。

⑩化学药品与生物制品说明书应当列有以下内容：药品名称（通用名称、

商品名称、英文名称、汉语拼音）、成分[活性成分的化学名称、分子式、分子量、化学结构式（复方制剂可列出其组分名称）]、性状适应症、规格、用法用量、不良反应、禁忌、注意事项、孕妇及哺乳期妇女用药、儿童用药、老年用药、药物相互作用、药物过量、临床试验、药理毒理、药代动力学、储藏、包装、有效期、执行标准、批准文号、生产企业（企业名称、生产地址、邮政编码、电话和传真）。

⑪中药说明书应当列有以下内容：药品名称（通用名称、汉语拼音）、成分、性状、功能主治、规格、用法用量、不良反应、禁忌、注意事项、药物相互作用、储藏要求、有效期、执行标准、批准文号、说明书、修订日期、生产企业（企业名称、生产地址、邮政编码、电话和传真）。

⑫实施电子监管的药品，应按规定加印或者加贴中国药品电子监管码，监管码的印刷应符合规定要求，监管码信息与药品包装信息应相符合。

（三）产品合格证

药品的每个整件包装中，应有产品合格证。合格证是产品装箱清验后检验合格的证明。一般应包括品名、规格（含量及包装）、批号、生产日期、化验单号、包装日期、质检员和操作人工号或签名，并加盖质量管理部门的红色印章。

（四）合格证明文件

每批购进药品应附有合格证明文件，验收药品应当按照药品批号逐批查验药品合格证明文件。

①供货单位为生产企业的，合格证明文件为生产企业药品检验报告书原件。

②供货单位为批发企业的，合格证明文件为生产企业药品检验报告书复印

件并加盖供货单位质量管理专用章原印章。

③实施批签发管理的生物制品，合格证明文件为加盖供货单位质量管理专用章原印章的生物制品批签发合格证复印件。

④检验报告书的传递和保存可以采用电子数据形式，但应当保证其合法性和有效性。

二、进口药品的验收

进口药品的包装、标签应当以中文注明品名、主要成分以及注册证号，并有中文说明书。验收进口药品应当有加盖供货单位质量管理专用章原印章的相关证明文件：

①进口药品注册证或医药产品注册证；

②进口麻醉药品和精神药品应当有进口准许证件；

③进口药材应当有《进口药材批件》；

④《进口药品检验报告书》或注明"已抽样"字样的《进口药品通关单》；

⑤进口国家规定的实行批签发管理的生物制品，必须有批签发证明文件和《进口药品检验报告书》。

值得注意的是，验收进口药品时，应对照实物收取上述证明文件，检查品名、规格、批号、生产厂商等内容的一致性。

三、特殊药品和专门管理药品的验收

特殊管理药品，一般单独分区存放，建立独立的台账登记，记录相关的验收信息。

第一，特殊管理药品的验收一般使用双人验收方式，并由专职人员进行，两人必须同时在场，并在相关记录上签字。

第二，特殊管理药品还须具备清晰的验收依据，并以此来规定相应的法定质量标准和合同规定的质量条款。

第三，验收特殊管理药品的方法以及范围应当有明确规定。

第四，特殊管理药品的验收场所和时限应有特别规定。

四、中药材和中药饮片的验收

第一，应有包装，并附质量合格标志。包装或容器应当与药品性质相适应。

第二，中药材每件包装上应标明品名、规格、产地、发货日期、供货单位、收购日期等。

第三，中药饮片每件包装上应标明品名、生产企业、生产日期等。其标签必须注明品名、规格、产地、生产企业、产品批号、生产日期。

第四，实施批准文号管理的中药材和中药饮片，在包装上应标明批准文号。

第五，验收时应注意的7项内容：

①饮片名称要规范，有国家标准的按通用名称，有省标准的用省标名称，同时标明原药材的用药部位，如根、茎、叶、花、果实、动物、矿物等，对实行批准文号管理的饮片，必须标注批准文号。

②原产地的生产企业标志要全，在标签上要标明中药饮片的原产地、生产企业、企业地址及联系电话，属于总经销的可同时注明经营公司，对通过GSP认证的单位、有GMP（《药品生产质量管理规范》）车间以及分装的中药饮片，可同时标注分装企业。

③对特殊的中药饮片，在标签某规定部位，均要有一条与底边平行的、不褪色的、有文字标志的标识，表示需要特殊管理。

④规格的表示，要明确标明是饮片还是药材；净重通常以千克（kg）表示，特殊药品以克(g)表示。

⑤应标明适用范围和防治对象、成人一般用药量和使用方法、不良反应、注意事项等。

⑥根据中药饮片的类别和所含的有效成分，在标签上标明该药品的生产日期、批号、有效期以及保管条件。

⑦对直接收购的地产中药材，应当将实物与储存在中药样品室（柜）中的样品进行对照，起到质量检查的作用。判为不合格的几种情况：

a.包装袋为光素半透明或黑色的塑料袋，不署任何标识或只在袋口标示是某某饮片，袋内无合格证，属于"三无"产品。

b.包装袋只标示饮片经营企业名称，袋内有合格证，标明该品名称和质量，但没有原产地、生产企业、产品批号、生产日期，实施批准文号管理的饮片没有注明批准文号。

c.需要特殊管理的饮片，如毒、麻、贵、细饮片，没有任何标识，对需要特殊煎制的饮片没有使用说明、适用症和注意事项，缺乏科学的提示性。

d.名称随意更改，经营企业随意简化，或难字用同音异字替代，一种饮片有多种叫法，不标明药材的原产地。

五、冷藏、冷冻药品的验收

第一，冷藏、冷冻药品从收货区转移到符合温度要求的待验区的时间：冷藏药品应在 10 分钟以内，冷冻药品应在 5 分钟以内。

第二，验收应在冷藏环境下进行，验收合格的药品，应迅速转到该药品说明书中所规定的储藏环境中。

第三，对退回的药品，接收人应视同收货，严格按冷藏冷冻药品收货要求进行操作，并做好记录，必要时送检验部门检验。

第四，冷藏药品的收发货及验收记录应至少保留 5 年。

六、销后退回药品的验收

第一，对销后退回的药品，无论何种退货原因，均应按规定的程序逐批验收，并开箱抽样检查；整件包装完好的应当加倍抽样检查，无完好外包装的每件应当抽样检查至最小包装，必要时送药品检验机构检验。

第二，从现行 GSP 对零售企业相关管理作出的规定，可以得出以下结论：

①零售企业的采购、收货和验收活动，基本上可以参照批发企业的管理模式。

②零售企业在谈判采购合同时，应与供货商明确产品的品种、规格并建立目录。

③对于特殊管理药品，既需要批发企业具备资质，还需确认供货企业的经营资质。

④相应的采购、收货、验收记录同样需要保存 5 年以上，特殊管理药品记

录与凭证需单独制定管理制度。

⑤验收合格药品才能入库上架，实施电子监管的药品也同样需要扫码上传，如扫描失败，不得入库上架，并报质量管理人员处理。

另外，从固定的药品批发企业进货的，在接收药品时可简化验收程序。验收人员应按送货凭证对照实物，进行品名、规格、批号、有效期、生产厂商以及数量的核对，并在凭证上签字。送货凭证应保存至超过药品有效期1年但不得少于3年。

连锁门店在接收药品配送时可简化验收程序。验收人员应按送货凭证对照实物，进行品名、规格、批号、有效期、生产厂商（或产地）以及数量的核对，并在凭证上签字。送货凭证应保存不少于5年。

第四节　药品的入库管理

药品的入库是在收货和验收环节完成后，为进一步确保购进药品的质量，把好药品入库质量验收关所设立的环节。根据相关法律法规的规定，应当注意以下几点：

第一，药品采购回来后首先应办理入库手续，由采购人员向库房管理员逐件交接。库房管理员要根据采购计划单的项目认真清点即将入库的药品数量，并检查好药品的规格、通用名、剂型、批号、有效期、生产厂商、购货单位、购货数量、购销价格、质量，做到数量、规格、品种准确无误，质量完好，并在接收单上签字（或在入库登记簿上共同签字确认）。

第二，库房管理员需按所购药品名称、供应商、数量、质量、规格、品种等做好入库登记。

第三，库房管理员要对所有库存物品进行登记建账，并定期核查账务情况，质量部应当定期盘库。

第四，药品入库，要按照不同的种类、规格、功能和要求分类，分别储存。

第五，保证药品数量准确、价格不串，账、卡、物、金相符。

第六，精密、易碎及贵重药品要轻拿轻放，严禁挤压、碰撞、倒置，做到妥善保存。

一、药品的入库程序

第一，药库必须根据现行 GSP 建立健全的入库验收程序，用以防止伪劣药品进入药库，切实保证药品质量。

第二，药库必须设立专（兼）职验收员，并进行相应的专业培训，由具有一定业务能力和工作能力的人来担任。

第三，入库药品必须依据入库通知单对药品的品名、规格、数量等逐一进行验收，并对其质量、包装进行检查。具体要求如下：

①仔细点收大件，要求入库通知单与到货相符。

②对入库通知单所列项目逐一核对品名、规格、数量、效期、生产厂名、批号、批准文号、注册商标、合格证等。

③检查药品外观，看质量是否符合规定，有无药品破碎、短缺等问题。发现质量不合格或可疑的，应迅速查询拒收，单独存放，做好标记，并立即上报质量负责人处理。

④进口药品除按一般规定验收外,应有加盖供货单位红色印章的进口药品注册证和进口药品检验报告书复印件,进口药品有中文标签。

⑤特殊药品必须双人逐一验收。

⑥凡验收合格入库药品,必须详细填写入库记录,并由验收员签字盖章。药品入库记录必须完整、准确、字迹工整,保存5年备查。

⑦因工作不认真或玩忽职守而导致不合格药品入库者,一经查实,给予行政和经济处罚,情节严重者移交司法机关,追究刑事责任。

二、验收不合格药品的处理方法

不合格药品的管理是药品经营过程中质量控制的关键环节,企业应对质量不合格药品进行控制性管理,即企业在各项质量活动及环节中,发现质量问题及不合格药品,应要求各岗位按照规定的程序对有疑问药品采取有效的控制措施,并及时上报企业质量管理部门,其他任何部门、岗位都不得对质量有疑问及不合格药品擅自进行处理。质量管理部门要对上报问题进行调查、分析、裁决,并提出妥善的处理意见。

(一)不合格药品的管理

不合格药品应集中存放在不合格药品库(区),由仓储部门设置专人管理并挂明显标志,建立不合格药品管理台账,对不合格药品进行严格控制,防止出现质量事故。质量管理部门应查明质量不合格的原因,分清质量责任,及时处理并采取预防措施,有效地防止企业其他环节出现类似问题,消除质量隐患。

质量管理部门负责对不合格药品的处理情况进行定期汇总,统计并分析出现不合格药品的原因，找出质量管理工作中存在的问题，改进和完善质量管理控制过程，杜绝类似情况再次发生。同时应全面分析、评审购进药品的质量状况，调整、优化药品购进渠道及品种结构，为药品采购提供可靠的决策依据。

（二）不合格药品的处理程序

不合格药品的确认、报告、报损、销毁应有完善的手续或记录。

①质量管理部门负责填写"不合格药品报损审批表"，报企业质量负责人及企业负责人审批后，通知业务、仓储、财务办理销账、下账手续。

②药品销毁应按照规定的程序进行并做好记录，一般应由质量管理部门组织仓储、运输等部门对报损药品实施销毁，质量管理部门负责对一般药品的销毁进行监督。销毁特殊管理的药品时，应上报药品监督管理部门，获批后，在药品监督管理部门的监督下销毁。

③销毁记录应包括销毁药品清单、时间、地点、方法等内容，并经销毁人、监督人等相关责任人签字。销毁一般采用焚毁、深埋、物理性状破坏等方法。

第六章 药品的储存与养护管理

第一节 原料药的储存与养护管理

原料药主要用于配制各种制剂，是一切制剂的基础。根据原料药的状态，可以将其分为固体原料药和液体原料药。此类物质在疾病的诊断、治疗或预防中有药理活性或其他直接作用，能影响机体的功能或结构。

一般而言，原料药均应密闭储存，需要注意包装的完好程度，严防灰尘等异物污染原料药。但对于原料药的储存与养护，应根据不同原料药的特性，进行分类储存、养护。

（1）易潮解的原料药

易潮解的原料药，应储存于干燥处，密封包装，注意防潮，如碳酸氢钠、阿司匹林等。

（2）易风化的原料药

含有结晶水、易风化的原料药，应储存于阴凉处，并严密包装，不能将其放在过于干燥或通风的地方，如咖啡因、硫酸镁、硼砂等。

（3）遇光易变质的原料药

遇光易变质的原料药，应置于避光容器内，并密闭储存于暗处，如磺胺类药物、苯酚、硝酸银等。

（4）易吸收二氧化碳的原料药

对于该类原料药的储存，应将其密封以隔绝空气，避免与二氧化碳接触，如氧化镁、茶碱等。

（5）易挥发的原料药

对于易挥发的原料药，温度升高将会加速其挥发。因此，这类药品应密封储存于阴凉处，如薄荷脑、樟脑以及挥发油类等。

（6）吸附性较强的原料药

对于这类药品，应注意将其与有特殊气味的药品分开储存，尽量避免同柜、混合堆放和近旁储存，防止串味，如矽炭银、药用炭等。

（7）生化制品

这类原料药大多含有蛋白质或多肽，容易受温度、光线、水分和微生物等影响，从而出现生虫、霉变、腐败、有效成分破坏、异臭等变异现象。因此，这类药品必须注意密封，置凉爽处避光储存，如胃蛋白酶、甲状腺粉等。

（8）危险药品

这类药品易燃、易爆，其储存与养护应严格按照有关部门的规定进行。易燃、易爆药品应储存在危险品仓库或远离一般库房的专库，在凉暗处注意防火，如乙醚；强氧化剂遇甘油、糖等还原剂，经摩擦撞击能引起燃烧、爆炸，在储存时应远离还原剂，如高锰酸钾；毒性药品应专柜加锁保管；腐蚀性药品应放置在专门货区、专门货架。

第二节 散剂（附颗粒剂）的储存与养护管理

散剂是指药物与适宜的辅料经粉碎、均匀混合制成的具有一定粒度的干燥颗粒状的制剂。颗粒剂可以分为可溶颗粒、泡腾颗粒、肠溶颗粒、缓释颗粒和控释颗粒等，供口服用。散剂的比表面积较大，具有易分散、起效快的特点，同时其外用覆盖面积大，具有保护、收敛的作用。散剂制备简单，对创面有一定的机械性保护作用。需要注意的是，刺激性和腐蚀性较强的药物，以及含挥发性成分较多的药物一般不宜制成散剂。

一、散剂常见的质量变异现象

（一）吸潮

散剂分散度较大（一般较原料药大），吸湿性显著。在影响因素中，以湿度对散剂的影响最大。散剂吸潮后，会出现药物结块、变质、微生物污染、分解或药品效价降低等变化。由于部分散剂中的极性基团易与水结合形成氢键，某些散剂中的碱金属或碱金属盐易与水分子形成极性分子，因此在散剂的储存与养护中，应注意防潮。

（二）变色

有些散剂在遇到光、热、空气吸潮后易出现氧化、分解、变色的现象。变色后的药物，可能出现毒性增加、效价降低等情况，均不能再供药用。

（三）异味、异臭

有些主药成分是生物制品的散剂，在受热、吸潮后容易出现异味或异臭，如胃蛋白酶吸潮后会出现霉臭；而有的散剂由于主药性质不稳定，受热、吸潮后易发生分解，产生臭味，如氨茶碱吸潮和吸收空气中的二氧化碳后会出现氨臭。

（四）挥发

部分复方散剂中的挥发性成分在药品储存时间过长或受热等情况下，易挥发。其挥发的速度取决于散剂自身的沸点、与空气接触的面积、外界的温度等因素。一般而言，药品沸点较低、与空气接触面积较大、外界温度较高等，都会使挥发速度加快。散剂会因为挥发而使其药效降低，甚至可能出现串味、燃烧等现象。

（五）虫蛀、霉变

含有蛋白质、胶质、淀粉、糖、生化药品等的散剂，吸潮后，容易出现虫蛀、霉变等现象。

二、散剂的验收和质量检测

（一）散剂的验收

1.包装

检查药品的包装是否完整，是否有浸润、遗漏的痕迹。

2.气味

检查包装内的药品是否出现异味或异臭。

3.性状

检查包装内的药品是否结块,形成其他异状。

4.颜色

取适量药品,平铺于白纸或洁白瓷盘上,在光线充足的地方,用肉眼观察药品是否出现色点、色泽不均匀、变色等现象。

5.装量差异

抽查药品的装量差异是否符合要求。

6.分类检查

内服散剂和外用散剂应分开检查。内服散剂在按照上述几点进行检查时,没有特殊情况,尽量避免拆封药品,以免影响销售;外用散剂一般也不做开包检查,除非出现包装不够完整、不够清洁或存在质量疑点等情况。

(二)散剂的质量检测

既要检查药典品种项下规定的项目,保证散剂干燥、疏松、混合均匀、色泽一致,还应检查散剂的外观均匀度、干燥失重或装量,以及无菌或微生物限度。局部用的散剂还应检查粒度。

1.外观均匀度检查法

本方法适用于散剂的外观均匀度检查,目的在于控制散剂在生产中混合不匀、色泽不一致的情况,以免影响质量。

(1)仪器与用具

光滑纸、短尺(20 cm)、玻板(10 cm×10 cm)。

（2）操作方法

取供试品适量（0.2~0.5 g），置光滑纸上，平铺 5 cm²，用玻板将其表面压平；将表面压平的供试品移至亮处观察。

（3）结果与判定

供试品呈现均匀的色泽，无花纹与色斑，判为符合规定。

2.干燥失重检查法

本方法适用于散剂的干燥失重检查，目的在于控制散剂在生产中或储存期的水分，以保证其处于干燥状态，并具有疏松的外观。

（1）仪器与用具

分析天平、扁形称量瓶、烘箱、干燥器。

（2）操作方法

①将扁形称量瓶在 105 ℃下干燥至恒重。

②取供试品，均匀混合，分取约 1 g 或该品种项下规定的质量，平铺于已干燥至恒重的称量瓶中（平铺厚度不超过 5 mm，如为疏松物质，厚度不超过 10 mm），精密称定。

③在 105 ℃下进行干燥（首次干燥 2~3 h，以后每次干燥 1 h），干燥时应将称量瓶盖取下，置于称量瓶旁，或将瓶盖半开，取出时须将瓶盖盖好。

④干燥后取出称量瓶，置于干燥器中，放至室温（需要 30~60 min），精密称定质量。

⑤重复③和④项的操作，直至恒重（连续两次干燥后的质量差异在 0.3 mg 以下）。

（3）结果与判定

减湿质量未超过 2.0%，判为符合规定。

3. 微生物限度检查法

按照微生物限度检查法标准操作规范检查，检查结果应符合规定。

三、散剂、颗粒剂的储存与养护

（一）散剂的储存与养护

1. 纸质包装的散剂

纸质包装易吸潮、破裂，易被虫蛀、鼠咬。因此，对于纸质包装的散剂，应严格注意防潮，避免重压和撞击。同时，应注意防虫、防鼠。

2. 塑料薄膜包装的散剂

塑料薄膜包装的散剂比纸质包装的散剂更为稳定，但仍应注意防潮。储存时间不宜过长，尤其是在潮湿、炎热地区。

3. 易吸附和有特殊臭味的散剂

对于易吸附和有特殊臭味的散剂，应将其分开隔离储存，防止串味。

4. 易挥发的散剂

对于易挥发的散剂，应注意其储存温度和湿度。因此，应将其密封储存于干燥阴凉处。

5. 易吸潮、易变质的散剂

对于易吸潮、易变质的散剂，应注意防潮、防霉变、防虫蛀。因此，应将其密封储存于干燥处，并重点检查其储存情况；贵重药品散剂应密封储存于容器内，加入吸潮剂。同时，应对其进行定期检查和更换吸潮剂。

6. 遇光易变质的散剂

对于遇光易变质的散剂，应防止阳光直射，在密封、避光、干燥处储存。

7.含结晶水的散剂

为防止失去结晶水,这类散剂的储存应注意其库房的相对湿度。

8.不同种类的散剂

内服散剂和外用散剂应分开储存;特殊药品散剂应专柜或专库储存,储存于密闭容器,必要时加入吸潮剂。

(二)颗粒剂的储存与养护

颗粒剂,是指将药物与适宜的辅料制成具有一定粒度的干燥颗粒状制剂。

颗粒剂与散剂一样,比表面积较大,吸湿性和风化性都比较显著,极易产生潮解、结块、变色、分解、霉变等质变现象,严重影响药品质量和用药的安全性。因此,颗粒剂的储存与散剂类似,应密封,置于干燥处,防止受潮。

第三节 片剂的储存与养护管理

片剂是指药物与适宜的辅料混匀压制而成的圆片状或异形片状的固体制剂。一般而言,片剂具有质量稳定,使用、携带、储存方便等优点。但在其储存与养护过程中也有很多外在因素会影响药品质量,如空气、温度、湿度、微生物、昆虫、日光和时间等。这些因素能相互影响,加速药品变质。

一、片剂常见的质量变异现象

片剂中除含主药外，还加有一定的辅料（如淀粉）等赋形剂。在空气湿度较大时，淀粉等辅料易吸潮而使片剂产生松散、破碎、霉变等质变现象；温度和光线等因素也能使片剂出现变质、失效。在影响因素中，以湿度对片剂的影响最为严重。

（一）变色

片剂吸潮后容易出现氧化、分解、变色的质变现象。片剂的颜色变深、由白色变为黄色或其他颜色时，表明药品的质量发生了变化。包衣片受潮或长时间暴露于光线下，均能使片剂表面色泽减退。例如，维生素C片、异烟肼片，受空气、光、热、潮湿等因素影响，易发生变色。变色后的药物，可能毒性增加或效价降低，因此均不能再供药用。

（二）粘连、溶（熔）化

部分片剂吸潮后容易出现粘连，甚至溶（熔）化。例如，复方甘草片，吸潮后颜色变黑、粘连成团。部分含糖分较多的片剂在吸潮、受热后，易发生溶（熔）化、粘连，如钙糖片吸潮、受热后易溶（熔）化、粘连。

（三）霉变、虫蛀

片剂在温暖、潮湿的条件下，微生物和霉菌会很快繁殖，从而发生霉变。片剂在发生霉变的同时，还可能出现虫蛀的现象。例如，含蛋白质的甲状腺片、干酵母片等，吸潮后除了容易发生片剂松散、霉变，还可能出现虫蛀、异臭；另外，某些化学药品的片剂，由于在制片时添加了淀粉、糊精、糖等辅料，受潮后也可发生霉变、虫蛀。

（四）裂片、松片

制片时，辅料（如黏合剂和湿润剂）用量不当或者药片露置空气过久，可能造成裂片（药片从腰间开裂或顶部脱落一层）和松片（将药片放在中指与食指间，用拇指轻轻加压即碎裂）。

（五）析出结晶、挥发

某些片剂由于储存不当，吸潮后易分解、析出结晶，受热后易产生挥发现象。例如，含乙酰水杨酸的片剂吸潮后易分解、析出针状结晶，常黏附在药片表面或包装内壁上；薄荷喉片、清凉润喉片受热后易挥发，挥发出的蒸气遇冷又变成针状或絮状结晶析出，黏附在药片表面或包装内壁上。

二、片剂的验收和质量检测

（一）片剂的验收

1. 包装

检查药品的包装是否完整，包装封闭是否严密，是否出现遗漏、破损、松散等情况。检查外包装上的药品名称、生产批号、包装数量、药品规格等是否与包装内的药品相符合。

2. 虫蛀、异臭

检查含有生药、蛋白质类、生物脏器类成分的药品是否出现异臭、虫蛀等现象。

3. 形状

对于一般片剂，应注意检查是否出现变色、粘瓶、霉变、松片、裂片、异物斑点等现象。对于包衣类的片剂，除检查上述现象外，还应检查其是否出现褪色、粘连、溶（熔）化、光泽改变等现象。对于主药性质不稳、易氧化变质的包衣片，还应注意观察片心有无变色和花斑。

4. 装量差异

对于贵重药品，应抽验其包装内的装量差异是否符合规定。

5. 注意事项

①开封检查片剂时，应使用干燥、清洁的药匙取药，不能用手抓取。

②取出的药片应铺于白纸或干燥、清洁的白瓷盘内，肉眼逐片检验。

③检查时间不宜过长，以免影响片剂的质量。

④检验合格后的片剂应及时装回原容器，并重新密封或贴标签。

（二）片剂的质量检测

既要检查药典品种项下规定的项目，保证片剂完整光洁、色泽均匀，有适宜的硬度和耐磨性，还应检查质量差异、崩解时限和融变时限。

1. 质量差异检查法

（1）仪器与用具

分析天平、扁形称量瓶、弯头或平头医用镊子。

（2）操作方法

①取空称量瓶，精密称定质量；再取供试品 20 片，置于称量瓶中，精密称定。两次称量值之差即为 20 片供试品的总质量，除以 20，得平均片重。

②从已称定总质量的 20 片供试品中，依次用镊子取出 1 片，分别精密称定质量，得各片质量。

（3）结果与判定

每片质量与平均片重相比较，超出质量差异限度的药片多于 2 片，或超出质量差异限度的药片虽不多于 2 片，但其中 1 片超出限度 1 倍的，均判为不符合规定。

2.崩解时限检查法

各类片剂（包括口服普通片、薄膜衣片、糖衣片、肠溶片、泡腾片、含片、舌下片及可溶片），除另有规定外，按照崩解时限检查法标准操作规范检查。

凡规定检查溶出度、释放度、分散均匀性的片剂以及咀嚼片，不再进行崩解时限检查。

3.融变时限检查法

除另有规定外，阴道片按照融变时限检查法标准操作规范检查。

三、片剂的储存与养护

一般而言，片剂应密封储存，防止受潮、霉变、变质。储存片剂的仓库，相对湿度以 60%～70%为宜。梅雨季节或在南方潮热地区，相对湿度超过 80%时，应注意采取防潮、防热措施。

片剂种类较多，不同种类的药品应注意采取不同的储存与养护措施。

（一）包衣片（糖衣片、肠溶片）的储存与养护

该类片剂较普通片剂而言，更易吸潮，在吸潮、受热后，容易出现包衣褪色、失去光泽、粘连、溶（熔）化等现象，甚至出现霉变、膨胀、脱壳等现象。因此，这类片剂应注意防潮、防热，应将其密闭储存于干燥、阴凉处。

（二）含片的储存与养护

较普通片剂而言，含片在吸潮、受热后更易出现粘连、溶（熔）化、霉变等现象。因此，此类片剂应密封储存于干燥、阴凉处。

（三）含生药、生物脏器或蛋白质类药品的片剂的储存与养护

这类片剂（如健胃片、甲状腺片、酵母片等），容易因吸潮而出现松散、霉变、虫蛀现象。因此，这类片剂应注意密封储存于干燥处。

（四）主药对光敏感的片剂的储存与养护

主药对光敏感的片剂（如磺胺类片剂）遇光易分解、变质。因此，这类片剂应盛放于遮光容器（如棕色瓶）内，并注意避光保存。

（五）含有易挥发性药物的片剂的储存与养护

这类片剂在受热后，其所含易挥发性的药物容易挥散，导致有效成分含量降低，从而影响药品的效用。因此，这类药品应密封、防热储存于阴凉处。

第四节 胶囊剂的储存与养护管理

胶囊剂是指将药物与适宜的辅料填充于空心胶囊或密封于软质囊材中所制成的固体制剂，主要供内服，但也有药品用于直肠、阴道等部位。填充的药物可为固体粉末或颗粒、液体或半固体。空胶囊的主要原料为明胶，近年来也

有用甲基纤维素、淀粉等高分子材料制备胶囊,以改善胶囊的溶解和释药性能。

按照囊材的性质,胶囊剂可分为硬胶囊、软胶囊、缓释胶囊、控释胶囊和肠溶胶囊。

一、胶囊剂常见的质量变异现象

(一) 黏软变形、膨胀、囊壁面浑浊失去光泽

在包装不严、储存不注意防潮、防热的情况下,胶囊剂会因吸潮、受热而出现黏软、膨胀、胶囊壁面浑浊失去光泽等现象,严重时甚至会霉变。

(二) 霉变、异臭

含有生药、生物脏器、蛋白质等成分的胶囊剂,吸潮、受热后,容易产生黏软变形、虫蛀、霉变、异臭等质变现象,严重损坏药品质量。

(三) 脆裂、漏粉

生产时过于干燥和囊内填充物过多,运输过程中发生剧烈运动,储存时空气湿度过低或过于干燥等,均可导致硬胶囊壳脆裂、囊内填充的粉末泄漏。

二、胶囊剂的验收和质量检测

(一) 胶囊剂的验收

1. 形状

检查胶囊大小、粗细是否均匀;外壁是否光洁,有无松散、发黏、软化、

膨胀、发硬、开裂、异物黏着等现象；囊壁（尤其是含有生药、生物脏器、蛋白质等成分的胶囊剂壁面）有无虫眼或砂眼等现象。

2. 颜色

检查囊壁色泽是否均匀，有无浑浊、褪色、变色、色斑等现象。

3. 有无漏液、漏粉

检查软胶囊壁面有无囊液溢漏、表面是否发黏；轻敲容器，查看容器底部是否出现细粉，如有则为漏粉。

4. 装量差异

对于贵重药品胶囊剂，还应抽验其装量差异是否符合规定。

（二）胶囊剂的质量检测

胶囊剂的质量要求，除应整洁，没有粘连、变形、渗漏或囊壳破裂现象，无异臭，并检查药典品种项下规定的检验项目外，还应检查装量差异和崩解时限（或"溶出度""释放度"）。

1. 装量差异检查法

本方法适用于胶囊剂的装量差异检查，目的在于控制各粒装量，保证用药剂量的准确。

（1）仪器与用具

分析天平、扁形称量瓶、小毛刷、剪刀或刀片、弯头或平头医用镊子。

（2）操作方法

①软胶囊：取供试品20粒，分别精密称定每粒质量后，依次放置于固定位置；分别用剪刀或刀片划破胶囊壳，倾出内容物（不得损失囊壳），用乙醚等易挥发性溶剂洗净，置通风处使溶剂自然挥尽，再依次精密称定每一囊壳质量，即可求出每粒内容物的装量和平均装量。

②硬胶囊：取供试品 20 粒，分别精密称定每粒质量后，取开囊帽，倾出内容物（不得损失囊壳），用小毛刷或其他适宜用具将囊壳（包括囊体和囊帽）内外拭净，并依次精密称定每一囊壳质量，即可求出每粒内容物的装量和平均装量。

（3）结果与判定

每粒装量与平均装量相比较，超出装量差异限度的胶囊多于 2 粒，或超出装量差异限度的胶囊虽不多于 2 粒，但有 1 粒超出限度的 1 倍，均判为不符合规定。

2.崩解时限检查法

除另有规定外，按照崩解时限检查法标准操作规范检查，应符合规定；但对于规定检查溶出度或释放度的胶囊剂，可不进行崩解时限的检查。

三、胶囊剂的储存与养护

一般而言，胶囊剂的储存与养护应以防潮、防热为主，可密封储存于玻璃容器内，存放于干燥、阴凉处，或在瓶内放入少量无水氯化钙等干燥剂防潮。温度不得高于 30 ℃，相对湿度应保持在 70%左右，防止受潮、霉变。若胶囊剂轻微受潮而未变质，可在容器内放入少量无水氯化钙等干燥剂。胶囊剂不宜久储，1 年左右应检查一次其溶出度。

不同的胶囊剂所含的主药不同，因此在进行胶囊剂的储存与养护时，还应考虑各种主药的特性。

（一）对光敏感的胶囊剂的储存与养护

对光敏感的胶囊剂，应注意避光储存于干燥阴凉处，防止主药遇光变质，影响药品质量。

（二）含有生药、生物脏器、蛋白质等成分的胶囊剂的储存与养护

含有生药、生物脏器、蛋白质等成分的胶囊剂，如力勃隆胶囊、胚宝胶囊、蜂王浆胶囊等，吸潮、受热后易霉变、生虫、发臭，较之普通胶囊剂，更应注意密封、防潮、防热，应将其储存于干燥阴凉处。

（三）抗生素类胶囊剂的储存与养护

苯唑青霉素钠胶囊、乙氧萘青霉素钠胶囊等抗菌类药品，在吸潮、受热后会效价下降、毒性增加。因此，应将其保存于干燥凉暗处。另外，抗菌素类胶囊一般都有"效期"规定，应按照"先产先出，近期先出"的原则出库。

第五节 注射剂的储存与养护管理

注射剂是指专供注入机体内的一种制剂，包括灭菌或无菌溶液、乳浊液、混悬液及临用前配成液体的无菌粉末等类型。注射剂由药物、溶剂、附加剂及特制的容器组成，是临床应用较广泛的剂型之一。

一般而言，注射剂的内容物——药液或粉末，密封于特制的容器中，与外界空气隔绝，并且在生产时经过了灭菌处理或无菌操作。因此，注射剂比其他液体制剂更容易储存。

一、注射剂常见的质量变异现象

不同内容物的注射剂会因受到氧气、光线、温度、重金属离子等因素的影响而出现质量变异,注射剂常见的质量变异现象有变色、霉变、析出晶体、沉淀、脱片、冻结、结块、萎缩。

(一) 变色

某些注射剂生产时需注入惰性气体来排除溶液中、安瓿空隙内的氧气,或加入抗氧化剂等附加剂以使制剂稳定、无菌。但如果操作时未能排尽空气或未能均匀灭菌,或储存与养护不当,则可能导致注射剂因氧化分解作用而出现色泽不均、变色的现象。

(二) 霉变

灭菌不彻底,或安瓿有裂缝、熔封不严密,或铝盖松动等,均易导致溶液型注射剂在储存与养护过程中出现悬浮物或絮状沉淀物等霉变现象。

(三) 析出晶体、沉淀

析出晶体并不一定代表药品已经变质,部分注射剂(如葡萄糖酸钙注射剂)在久储后会出现结晶。部分注射剂在遇冷的情况下,也会析出晶体,这些结晶在一定情况(如热水加温)下是可以还原的;而有的结晶或沉淀不属于以上情况,是由于药品本身已经分解变质,故这类注射剂不能再供药用。

（四）脱片

若注射剂的安瓿质量太差，则当药品久储、温度较高时，部分注射剂（如氯化钙注射液）容易出现玻璃屑，使溶液出现脱片和浑浊的现象。因此，在储存注射剂时应使用含钡、锆等硬质中性玻璃安瓿，并且注意防热，防止久储。

（五）冻结

温度过低容易导致含水溶媒的注射剂出现冻结现象。通常情况下，注射剂浓度越低，越容易出现冻结。

（六）结块、萎缩

注射剂的盛装容器未彻底干燥、容器密封不严密、遇光或温度较高时，均可能导致注射用无菌粉末型注射剂出现结块、变色、粘瓶、溶（熔）化、萎缩等现象。

另外，光线、温度等外界因素也可能会使注射剂水解、氧化、聚合或差向异构，从而变质、失效。

二、注射剂的验收和质量检测

（一）注射剂的验收

1.包装

检查安瓿是否有漏气、爆裂的现象；圆柱形瓶装注射剂，应检查其瓶盖、瓶塞是否密封、有无松动；大输液、代血浆等大体积的水溶液注射剂，应检查其铝盖、瓶塞是否密封，瓶壁是否出现裂纹等。

2.可见异物

应按照《中华人民共和国药典》的规定，采用灯检法对注射剂内容物中有无可见异物进行检验、判断。

3.内容物性状

注射剂在储存、运输过程中可能会发生澄明度变化。因此，在注射剂入库验收时，一般应按照《中华人民共和国药典》的规定，在黑色背景、照度 1 000 lx 的伞棚下，眼睛水平检视注射剂的澄明度。

检查液体注射剂的内容物有无变色、颜色深浅不一，出现絮状物或悬浮物、白点、白块、结晶等现象。对于析出结晶的，还应检查其在加温后是否消失，是否澄清。粉末型注射剂应注意检查其粉末内容物有无色泽不一、变色、粘连、溶（熔）化、结块等现象。

（二）注射剂的质量检测

既要检查药典品种项下规定的项目，还要检查"装量"或者"装量差异"、"可见异物"和"无菌"等项目。

静脉用注射剂应加查"热原"或"细菌内毒素"；溶液型静脉用注射液、溶液型静脉注射用粉末和注射用浓溶液都要加查"不溶性微粒"；静脉输液及插管注射用注射液应加查"渗透压摩尔浓度"。

1.装量检查法

本方法适用于 50 mL 和 50 mL 以下的单剂量注射液的装量检查。目的在于保证单剂量注射液的注射用量不少于标示量，以达到临床用药剂量要求；标示装量为 50 mL 以上的注射液和注射用浓溶液，按最低装量检查法标准操作规范检查，应符合规定；含量均匀度的注射液，可以不检查"装量"。

(1)仪器与用具

注射器及注射针头,量筒(量入型)。

(2)操作方法

①按表6-1规定取用量抽取供试品。

②取供试品,擦净瓶外壁,轻弹瓶颈部使液体全部下落,小心开启,将每支内容物分别用相应体积的干燥注射器(包括注射器针头)抽尽,注入预经标化的量筒内,在室温下检视,读出每支装量。

③如供试品为油溶液或混悬液,检查前应先微温摇匀,然后按②项方法操作,并冷至室温后检视。

表6-1 供试品标式装量和取用量

标式装量	供试品取用量/支
2 mL 或 2 mL 以下	5
2 mL 以上至 50 mL	3

(3)结果与判定

每支注射液的装量不得少于标示装量。凡是少于标示装量的,即为不符合规定。

2.可见异物检查法

除另有规定外,溶液型注射液、溶液注射用无菌粉末及注射用浓溶液均按照可见异物检查法标准操作规范检查,应符合规定。

3.无菌检查法

按照无菌检查法的标准操作规范检查,应符合规定。

4.热原或细菌内毒素检查法

除另有规定外,静脉用注射剂按该品种项下的规定,按照热原或细菌内毒素检查法的标准操作规范检查，应符合规定。

5.不溶性微粒检查法

除另有规定外，溶液型静脉用注射液、注射用无菌粉末及注射用浓溶液，按照不溶性微粒检查法标准操作规范检查，应符合规定。

三、注射剂的储存与养护

一般而言，注射剂应遮光储存，并根据药品的理化性质、溶液和包装容器的特性采取适宜的储存与养护方法。

（一）遇光和热易变质的注射剂的储存与养护

如盐酸氯丙嗪、肾上腺素、维生素类等遇光易变质的注射剂，应注意遮光密封储存，尤其需防止紫外线的照射。生物制品、抗菌素类注射剂、脏器制剂或酶类等遇热易变质的注射剂，大部分都有"效期"规定。因此，除应按规定的温度条件储存与养护外，还应注意"先产先出、近期先出"，在炎热季节应加强检查。

1.生物制品的储存和养护

具蛋白质性质的注射剂如破伤风抗毒素、白喉抗毒素、人血白蛋白等，一般都怕热、怕光，有的还怕冻。因此，最适宜的储存条件为2～8℃避光保存。除冻干制品外，一般注射剂都不能在0℃以下的条件储存，否则会因低温和冷冻造成蛋白质变性，有可能出现絮状沉淀或者悬浮物，不能再供药用。

2.抗菌素类注射剂的储存和养护

这类注射剂性质一般不太稳定，遇热后容易发生分解，药效降低。所以储存时应按照"先产先出、近期先出"的原则，避光且置于阴凉处。对于胶塞铝盖小瓶包装的粉针剂，储存时还要注意防潮，避光放置于干燥阴凉处。

3.脏器制剂、酶类注射剂的储存和养护

催产素注射液、垂体后叶注射液、注射用辅酶A、注射用玻璃酸酶等注射剂容易在温度、光线的影响下产生蛋白质变性的问题。因此，应避光储存于凉暗处。胰岛素、细胞色素C、三磷酸腺苷二钠等因受热而导致特别不稳定的注射剂，储存时要放置在2～10℃的冷暗处。但储存温度不宜过低，以免冻结、变性，降低药效。

4.钙、钠盐类注射液的储存和养护

乳酸钠、氯化钠、碳酸氢钠、水杨酸钠、碘化钙、葡萄糖酸钙、溴化钙、氯化钙等注射剂，如果储存时间过长，则药液容易侵蚀玻璃（特别是质量较差的安瓿玻璃），出现浑浊（大量小白点）、脱片等问题。因此，这类注射剂应加强对制剂澄明度的检查，不宜久储，储存时要提前注意生产日期和有效期，按照"先产先出、近期先出"的原则存取。

（二）水溶液注射剂的储存与养护

水溶液注射剂以水为溶媒，在低温下容易冻结，体积发生膨胀，导致容器破裂，或者出现结块、冻结、浑浊等质量变异问题，不能再供药用。所以，水溶液注射剂必须注意防冻，库房的温度要在0℃以上。有的浓度较大的注射剂的冰点较低，如25%及50%葡萄糖一般在－13～－11℃才发生冻结。因此，各地应结合当地温度情况适当调整仓库温度。

代血浆、大输液等大体积的水溶液注射剂，冬季也要注意防冻。在运输过程中不得横卧倒置。此外，在储存、运输过程中，也不能挤压、碰撞或扭动瓶塞，以免发生漏气现象，造成药品污染。在储存中应分批号"先产先出"。

（三）油溶液注射剂的储存和养护

植物油是油溶液注射剂的溶媒，所含的不饱和脂肪酸在遇到空气、阳光、高温时，会氧化、酸败，颜色逐渐变深。所以，油溶液注射剂储存时一般应避光、防热。另外，油溶液注射剂在低温下也会出现凝冻现象，但不会冻裂容器，解冻后仍能成澄明的油溶液或均匀混悬液，因此不必防冻。

（四）其他溶媒注射剂的储存和养护

溶媒为乙醇、丙二醇、甘油或它们的混合液的注射剂，如氯霉素注射液、氢化可的松注射液等，在储存过程中见光或受热易分解、失效。储存时应避光、防热，并按照"先产先出、近期先出"原则存取。

（五）注射用无菌粉末的储存和养护

注射用无菌粉末目前常有胶塞铝盖小瓶装和橡皮塞外轧铝盖再烫蜡的安瓿装。胶塞铝盖小瓶装的注射用无菌粉末在储存过程中应注意防潮，不得倒置（防止药物与橡皮塞长时间接触而使药品污染、变质），注意"效期"的规定，注意"先产先出，近期先出"；安瓿装注射用无菌粉末大多是熔封的，不容易受潮，较小瓶装的更加稳定。所以，对于安瓿装注射用无菌粉末的储存和养护，主要是根据无菌粉末本身的性质，但要注意检查安瓿有无冷爆、裂纹等问题。

第六节 糖浆剂的储存与养护管理

糖浆剂是指含有药物的浓蔗糖水溶液,供口服用。糖浆剂包括单糖浆、药用糖浆和芳香糖浆。单糖浆为蔗糖的近饱和水溶液。

一、常见的糖浆剂质量变异问题

(一)霉变或发酵

引起糖浆剂霉变或发酵的主要原因有以下几点:

1.蔗糖质量不符合药用要求

蔗糖中转化糖含量超过规定,或蔗糖过湿,或杂质较多。

2.生产过程及制备方法不符合要求

生产车间防范微生物污染的措施不适宜或空气中的霉菌、酵母菌等超标带入制剂中,均可造成糖浆剂的霉变或发酵。另外,灌封过程中液体外流污染容器壁或用未经冷却的热糖浆填充,或未及时用灭菌干燥的瓶塞妥善密塞即直立存放等,均可引起霉变。

3.包装不善

糖浆剂包装的瓶子及塞子干燥不够,消毒不彻底,或封口不严,接触水蒸气,糖浆被稀释或污染,均可导致霉变或发酵。

4.含糖浓度较低

通常情况下,接近饱和浓度的蔗糖溶液很稳定,含糖量高,渗透压大,能吸取菌体内水分，使微生物不宜生长，本身具有防腐作用。浓度低的糖浆剂，含糖量比较低，为细菌的良好培养基，容易滋生微生物。若防腐剂的选择和用量不适当，则易霉变或发酵。

5.储存的温度、光线的影响

储存温度过高，会使糖浆剂中的水分蒸发，冷却后水蒸气凝结为水而留在糖浆上部，致使表面浓度变稀，易霉变或发酵。储存温度过低，糖浆易析出结晶，致使表面含糖量降低，也易使微生物生长、繁殖。此外，光线能促进蔗糖水解而加速其变质。

（二）沉淀

糖浆剂在储存过程中可出现不同程度的沉淀，其主要原因如下：

1.蔗糖质量不符合药用要求

蔗糖原料混入大量可溶性杂质，与黏度较大的糖液一起通过过滤器。在储存过程中，高分子胶态杂质粒子逐渐集聚，形成固体粒子，从而出现浑浊或沉淀现象。这种沉淀一般在久储后出现。

2.含浸出制剂的糖浆

糖浆剂所用的浸出浓缩物、流浸膏、浸膏和酊剂等原料，一般都是以乙醇或水为溶剂浸制的。这些浸出物中都有不同程度的高分子杂质，呈不稳定的胶状。

3.配伍不当

糖浆剂的处方组成中有时因配伍禁忌，出现沉淀。

（三）酸败和产生气体

含糖浓度低的糖浆剂，容易繁殖微生物。微生物的新陈代谢物将糖逐渐分解，致使糖浆剂酸败产生大量气体，并出现浑浊、变酸、瓶塞胀出等现象。

（四）变色

变色多出现于有色糖浆，主要是色素本身起了变化。此外，糖浆剂（特别是酸性糖浆）在生产时加热过久或储存温度过高，会增加转化糖量，使糖浆剂颜色变深。

二、糖浆剂的验收和质量检测

（一）糖浆剂的验收

验收时，一般以整瓶肉眼观察为主，非必要尽量不开启封口，以防污染；需开启瓶塞时，要在符合卫生要求的条件下，按照规定检查后严封。

1. 检查包装容器

检查包装容器的封口是否严密、有无渗漏等；瓶外是否清洁，有无未拭净的糖浆痕迹。

2. 检查外观

对光检视糖浆剂是否澄清，有无浑浊、沉淀；有无结晶析出；同一批号中各瓶色泽是否一致、有无变色、褐色情况；有无杂质异物；有无生霉、发酵。可疑时可开瓶检查有无酸败引起的异臭、异味。

3. 检查装量

必要时检查装量是否准确。

（二）糖浆剂的质量检测

糖浆剂除检查药典品种项下规定的项目以外，还必须检查装量和微生物限度两个项目。

1.装量检查法

本方法适用于单剂量灌装糖浆剂的装量检查，目的是保证用药剂量的准确无误。多剂量灌装糖浆剂，按照最低装量检查法标准操作规范来检查，应符合规定。

（1）仪器与用具

经标化的量入式量筒。

（2）操作方法

取供试品 5 支，小心开启，将内容物分别倒入经标化的干燥量筒中，尽量倾净，在室温下读取每个容器内容物的装量（取 3 位有效数字）。

（3）注意事项

所用量筒必须洁净、干燥，并经定期检查合格；其最大刻度值应与供试品的表示装量一致，或不超过表示装量的 2 倍。糖浆剂一般为黏稠液体，倾入量筒后，应将供试品容器倒置 15 min，尽量倾尽。

（4）记录与计算

记录室内温度、供试品的标示装量、供试品的支数、每支供试品的实测装量等。

（5）结果与判定

每支供试品装量与标示装量相比较，均大于或等于标示装量或少于标示装量的不多于 1 支，并且不少于标示装量的 95%，均判为符合规定。否则为不符合规定。

2.微生物限度检查法

按照微生物限度检查法标准操作规范检查，应符合规定。

三、糖浆剂的储存与养护

（一）糖浆剂的一般储存方法

糖浆剂应密封，在不超过 30 ℃处储存。水分、热、光线可使糖浆剂发生质量变异，如霉变、酸败、产生气体等。

（二）糖浆剂的防霉变措施

含糖量在 80%以上的糖浆剂具有良好的防腐作用，不易滋生微生物。但如果久储或低温储存，则糖浆剂易析出结晶，影响糖浆剂的澄明度，故高浓度糖浆剂应注意密封保存。

含糖浓度低的糖浆剂虽然加有防腐剂，但仍易滋生微生物。在储存与养护期间，如果糖浆剂包装不严、受热或被污染，则易出现霉变、发酵等质变现象。有时发酵产生的二氧化碳气体较多、受热膨胀，可使容器爆破。

糖浆剂的储存与养护关键是防止糖浆霉变，主要措施应以防热、防污染为主。如炎热季节温度较高，应置阴凉通风处储存，或采取降温措施；梅雨季节需加强养护和检查，防止因封口不严而出现霉变现象。另外，应按照"先产先出、近期先出"的原则加速流通，不宜长久储存。

（三）糖浆剂沉淀的处理

含浸出制剂的糖浆剂，在储存过程中会出现浑浊或沉淀。如果含少量沉淀物，摇匀后能均匀分散，则仍可供药用。如果糖浆剂因变质而产生浑浊、沉淀，那么不能再供药用。

（四）糖浆剂的防冻措施

符合 GSP 要求的药品仓库和零售药店一般不会出现糖浆剂的冻结现象。在极其寒冷的地区，含糖量较低的糖浆易发生冻结。冻结的糖浆剂一般呈疏松凝冻状态，质地松软，没有包装破裂现象，室温下即可自行全部解冻，无蔗糖析出的不溶现象，澄明度不变。含糖量在60%以上的糖浆剂一般可不防冻，个别特冷地区可根据情况而定；含糖量在60%以下的糖浆剂，则应根据处方及各地气温考虑是否需要防冻。

（五）不能药用的情形

①霉变、酸败。
②出现大量浑浊、沉淀、杂质异物，且沉淀物系无效物质或对病人用药不利。
③包装出现渗漏现象，瓶外有糖浆痕迹。

第七节　栓剂的储存与养护管理

栓剂是指药物与适宜的基质制成的供腔道给药的固体制剂，根据施用腔道不同，分为直肠栓、阴道栓和尿道栓。

一、栓剂常见的质量变异现象

（一）软化变形

受基质影响，栓剂在遇热、受潮后均会出现软化变形或熔化走油，严重者不能药用。

（二）"出汗"

水溶性基质的栓剂，引湿性强，吸潮后表面附有水珠，俗称"出汗"，如甘油明胶栓。

（三）干化

久储或气候过于干燥，栓剂基质中的水分会蒸发，出现干化现象，表现为栓剂表面凹凸不平，且颜色深浅不一。

（四）外观不透明

如果制备不当或储存中受潮吸水，水溶性基质的栓剂表面就会浑浊泛白，不透明。

（五）变色

久储时，栓剂中的成分会受到外界氧、热、水分等因素的影响，发生氧化反应，出现变色。

二、栓剂的验收和质量检测

（一）栓剂的验收

1.包装检查

栓剂包装应符合质量要求，与内容物相符，封口要严密，印字要清晰、端正。每粒栓剂的小包装应严密封口。塑胶袋包装栓剂压封应严密、圆整，无破坏缝隙。

2.外观检查

按不同基质分别检查栓剂表面有无熔化走油、软化变形、干化、碎裂、不透明等现象。同批号的栓剂，色泽应均匀一致。为避免污染，非必要时不应拆开包装检查。

（二）栓剂的质量检测

栓剂除检查药典品种项下规定的项目以外，还应该检查质量差异、融变时限和微生物限度等项目。

1.质量差异检查法

本方法适用于检查栓剂的质量差异。影响栓剂大小的因素较多，如生产过程中软材的注入量、温度和速度，以及冷却、固化、切削等。如果检查栓剂的含量均匀度，则一般不再检查质量差异。

（1）仪器与用具

扁形称量瓶、分析天平、弯头或平头医用镊子。

（2）操作方法

取空称量瓶，精密称定质量；再取出10粒供试品，置于称量瓶中进行精密称定。两次称量数值的差为 10 粒栓剂供试品的总质量，然后再除以 10，得出每粒栓剂的平均粒重。从已经称定总质量的 10 粒供试品中，用镊子逐次取出，分别进行精密称定，得出各粒的质量。

（3）注意事项

若检验场所的室温高于 30 ℃，则应用适宜方法降温，以免室温过高，栓剂融化或软化，难以操作。称量前后，均应仔细核对栓剂数量。称量过程中，应避免用手直接接触供试品。取出的栓剂，不得再放回供试品原包装容器内。

（4）记录与计算

记录每次称量数据，求出平均粒重，保留 3 位有效数字，按表 6-2 规定的质量差异限度，求出允许粒重范围。若有超过允许粒重范围或处于边缘者，则应再与平均粒重比较，计算出该粒质量差异的百分率，再根据表 6-2 规定的质量差异限度进行判定。

表 6-2　质量差异限度

平均粒重	质量差异限度
1.0 g 以下（包括 1.0 g）	±10%
1.0 g 以上至 3.0 g	±7.5%
3.0 g 以上	±5%

（5）结果与判定

每粒质量均未超出允许粒重范围；或与平均粒重相比较均未超出质量差异限度；或超出质量差异限度的药粒不多于 1 粒，且未超出限度的 1 倍，均判为符合规定。每粒质量与平均粒重相比较，超出质量差异限度的药粒多于 1 粒；或超出质量差异限度的药粒虽不多于 1 粒，但超出限度 1 倍，均判为不符合规定。

2.融变时限检查法

除缓释栓剂应进行释放度检查或者另有规定外,按照融变时限检查法的标准操作进行规范检查,要符合规定。

3.微生物限度检查法

按照微生物限度检查法的标准操作进行规范检查,要符合规定。

三、栓剂的储存与养护

(一)栓剂的一般储存方法

①30 ℃以下密闭储存,避免重压,并且不宜久储,以免酸败、变质。

②由于栓剂为体腔内用药,因此储存时应注意清洁卫生,防止微生物污染。

③水溶性基质栓剂引湿性强,吸潮后易变不透明并有"出汗"现象,气候干燥时又易干化变硬,故应密闭,储存于阴凉处。

④对受热易熔化、遇光易变色的栓剂,如聚维酮碘栓,应遮光、密封储存。

(二)不能药用的情形

①软化变形。

②有明显的花纹和斑点,色泽不一致。

③明显干化或外观不透明。

④酸败、霉变、变色。

第八节 软膏剂、乳膏剂、糊剂和眼用半固体制剂的储存与养护管理

软膏剂是指药物与油脂性或水溶性基质混合制成的均匀半固体外用制剂。根据药物在基质中的分散状态，可分为溶液型软膏剂和混悬型软膏剂。溶液型软膏剂为药物溶解（或共熔）于基质或基质组分中制成的软膏剂；混悬型软膏剂为药物细粉均匀分散于基质中制成的软膏剂。

乳膏剂是指药物溶解或分散于乳状液型基质中形成的均匀半固体外用制剂。由于基质不同，乳膏剂可分为水包油型乳膏剂和油包水型乳膏剂。

糊剂是指大量的固体粉末（一般25%以上）均匀地分散在适宜的基质中所组成的半固体外用制剂，可分为单相含水凝胶性糊剂和脂肪糊剂。

眼用半固体制剂包括眼膏剂、眼用乳膏剂和眼用凝胶剂。

软膏剂、乳膏剂、糊剂在生产与贮藏期间均应符合下列规定：

①软膏剂、乳膏剂、糊剂基质应均匀、细腻，涂于皮肤或黏膜上应无刺激性。混悬型软膏剂中不溶性固体药物及糊剂的固体成分，均应预先用适宜的方法磨成细粉，确保粒度符合规定。

②软膏剂、乳膏剂根据需要可加入保湿剂、防腐剂、增稠剂、抗氧剂及透皮促进剂。

③软膏剂、乳膏剂应具有适当的黏稠度，糊剂稠度一般较大。但均应易涂抹于皮肤或黏膜上，不融化，黏稠度随季节变化应很小。

④软膏剂、乳膏剂、糊剂应无酸败、异臭、变色、变硬，乳膏剂不能有油

水分离及胀气现象。

⑤除另有规定外，软膏剂、糊剂应遮光密闭储存；乳膏剂应密封，置25 ℃以下储存，不得冷冻。

眼用半固体制剂基质应过滤并无菌，不溶性药物应预先制成极细粉。眼膏剂、眼用乳膏剂和眼用凝胶剂应均匀、细腻、无刺激性，并易于涂抹于眼部，便于药物分散和吸收。除另行规定外，每个容器的装量应不超过 5 g，眼用制剂应遮光密封保存。

一、软膏剂、乳膏剂、糊剂和眼用半固体制剂常见的质量变异现象

软膏剂、乳膏剂、糊剂和眼用半固体制剂均系半固体制剂，眼用半固体制剂的主要要求是无菌。它们均属于软膏，制备方法和储存与养护技术也基本相同。下面以软膏剂为例，进行质量变异现象分析。

（一）酸败和异臭

以植物油或脂肪性基质制成的软膏，储存时易受氧气、光线、温度等因素的影响而发生酸败，并产生异臭，令人不适。

（二）变色

某些不稳定药物制成的软膏，储存中易受空气、光线、温度、容器等因素的影响，发生氧化反应并变色。

（三）流油、发硬

含脂肪性基质的软膏易流油、变硬。主要原因是生产过程中基质固体和液体成分比例不当，软膏剂不能承受温度的较大变化。例如，过多加入石蜡或蜂蜡等熔点较高的基质易使软膏发硬，而过多加入熔点较低的基质（如液体石蜡等）易产生流油。在储存中，温度过低亦会使含油脂性基质的软膏发硬，温度过高则会熔化流油。亲水性基质、水溶性基质制成的软膏，久储或温度过高，亦可使软膏发硬，甚至干裂。

（四）油水分离

乳膏剂较易发生油水分离，原因是乳剂型基质久储、受冻或剧烈振动后易因乳析或破裂而出现油水分离。另外，油脂性基质的软膏，多含不溶性药物，受热后基质溶化变稀，药物易沉于底部。

（五）霉变

软膏剂含水量较多，在微生物、空气、温度等因素的影响下，易霉变并产生异臭。

（六）变质失效

软膏剂中药物与基质、药物与容器之间会发生化学作用。受空气、光线、温度、湿度等影响，药品会变质失效。变质后的软膏剂还会增加毒性和刺激性。

二、软膏剂、乳膏剂、糊剂和眼用半固体制剂的验收和质量检测

(一)软膏剂、乳膏剂、糊剂和眼用半固体制剂的验收

1.包装的检查

检查包装容器是否严密,运输过程中有无因碰撞、挤压而出现破损、漏药现象;检查包装上的标签、说明书和产品合格证、质检报告单等是否符合相关规定。

2.外观检查

检查软膏剂是否均匀、细腻,有无酸败、异臭、色泽改变、流油发硬、霉变等现象。

3.装量检查

用目视对比法检查装量是否符合规定。

(二)软膏剂、乳膏剂、糊剂的质量检测

软膏剂、乳膏剂、糊剂除应检查药典品种项下规定的项目之外,还应检查装量、粒度、无菌和微生物限度等项目。

1.粒度检查法

本方法根据粒度及粒度分布测定法制定,适用于混悬型软膏剂的粒度检查。软膏剂中所含的药物如果不溶于基质,则应在生产过程中提前研磨成细粉,使之均匀分散于基质中,制成混悬型的软膏剂。药物的颗粒过大会影响其释放,所以药典规定了本检查项目。

(1)操作方法

目镜测微尺标定后,取适量的供试品放置在载玻片上并涂成薄层,薄层的

面积与盖玻片面积相当，一共涂 3 片，分别置于显微镜下，调节焦距让物像清晰，检视图层的全部视野，记录大于 180 μm 的药物粒子。

（2）注意事项

直接取样时，取样量应适量；如果取量过多，则粒子重叠不易观察和判断；若过少，则代表性差。测量形状不规则粒子的大小时应取其最大粒径。

（3）结果与判定

3 张涂片中，如果均没有检出大于 180 μm 的药物粒子，则判定为符合规定。相反，只要有一张涂片检出了大于 180 μm 的药物粒子，则判定为不符合规定。

2.装量检查法

本项检查的目的在于控制各支乳膏剂、软膏剂、糊剂的最低装量。

（1）操作方法

取供试品 5 支（标示装量为 50 g 以上的取 3 支），除去标签和外盖，容器外壁用适宜的溶剂洗净并干燥，分别精密称定质量；除去内容物，容器内壁用适宜的溶剂洗净并干燥，分别精密称定容器的质量。两者相减，求出每支的装量和平均装量。

（2）注意事项

每支供试品的两次称量中，要注意编号顺序和空容器的配对。洗涤容器应用易挥发的有机溶剂。挥散溶剂时，应在通风处自然挥散。洗涤容器内壁时，应避免洗去外壁上的可溶物。

（3）记录与计算

记录检查支数，每支供试品及其自身空容器的数量、数据。根据每支供试品的质量与其自身空容器之差求出每支装量，5 支装量之和除以 5，得出平均装量。保留 3 位有效数字。

（4）结果与判定

每个容器内容物的装量及其平均装量，均应符合规定（见表6-3）。如果有一个容器装量不符合规定，则应另取供试品进行复试，最后要全部符合规定。

表6-3 容器的装量与平均装量

标示装量	固体、半固体	
	平均装量	每个容器装量
20 g 以下	不少于标示装量	不少于标示装量的93%
20～50 g	不少于标示装量	不少于标示装量的95%
50 g 以上	不少于标示装量	不少于标示装量的97%

3.微生物限度检查法

按照微生物限度检查法标准操作进行规范检查，应符合规定。

4.无菌检查法

用于烧伤或严重创伤的乳膏剂与软膏剂，按照无菌检查法标准操作进行规范检查，应符合规定。

（三）眼用半固体制剂的质量检测

眼用半固体制剂的质量检测，除要检查药典品种项下规定的项目外，还要检查"金属性异物""装量"和"无菌"。混悬型眼用半固体制剂还应检查"粒度"。

1.金属性异物检查法

本方法适用于眼用半固体制剂的金属性异物检查，目的在于控制设备和加工过程中带入的金属微粒，以免对眼部造成伤害。

操作方法及结果判定：

取供试品 10 支，拭净各支容器外部，拧下帽盖，分别将每支的全部内容物挤入各自的平底培养皿中，加盖，85 ℃保温 2 h，使融化并摊布均匀，室温放冷至凝固。将目镜测微尺置于目镜内，在 30 倍的显微镜下，用镜台测微尺校正其刻度。将均匀摊布有眼用半固体制剂的培养皿翻转，逐个倒置于显微镜台上，用聚光灯从上方以 45°角的入射光照射皿底，缓缓移动培养皿。用 30 倍显微镜检视每支供试品中最长粒径等于或大于 50 μm 且具有光泽的金属性异物并计数。若 10 支供试品中，每支内含有金属性异物数超过 8 粒者不多于 1 支，且总数未超过 50 粒时，则为合格。若供试品金属性异物超过规定，则应另取 20 支按上述方法复试，其结果判定要求为初、复试结果合并计算。若 30 支中每支内含金属性异物数超过 8 粒者不多于 3 支，且总数未超过 150 粒，亦判为合格。

2.装量差异检查法

按照装量差异检查法标准操作规范检查，应符合规定。

3.无菌检查法

按照无菌检查法标准操作规范检查，应符合规定。

三、软膏剂、乳膏剂、糊剂、眼用半固体制剂的储存与养护

（一）软膏剂、乳膏剂、糊剂、眼用半固体制剂的储存方法

第一，一般软膏剂应密闭、避光，置于干燥处，25 ℃以下储存。由水溶性基质和乳化基质制成的软膏，还应避热、防冻储存，防止基质与水分分离，失去均匀性。

第二，软膏剂中含有不稳定的药物或基质时，除了应加强保管，还应掌握"先产先出"，避免久储。

第三，有"有效期"规定的软膏剂如抗生素类软膏、避孕软膏等，应严格掌握"先产先出，近期先出"，防止过期失效。

第四，具有特殊臭味的软膏剂，如碘仿软膏、黑豆馏油软膏、复方松馏油软膏等，应放置在阴凉处，并与一般药物隔离存放，以防串味。

第五，眼用软膏的包装已经过灭菌，储存中不应随便开启，以防微生物污染。

第六，根据软膏包装容器的特点，储存中还应注意以下4点：

①锡管装，已具备遮光、密闭条件。在25℃以下存放即可，但在储存和运输过程中要防止重压，堆码不宜过高，防止锡管受压发生变形或破裂。

②塑料管装，质软、有透气性，装有亲水性基质的软膏，储存时应注意避光，避免重压与久储。

③玻璃瓶装，棕色瓶装的已经达到避光要求，可密闭储存于干燥处。若是无色玻璃瓶装的必要时还应考虑避光，储存和运输过程中应防止重摔，不得倒置侧放，防止破碎、流油。

④扁形金属或塑料盒装，已经达到避光要求，可密闭储存于干燥处，储存和运输中应防止重压，亦不得倒置侧放。

（二）不能药用情形

酸败油臭；严重融化、流油；明显分层；霉变、变色。

第七章 药品的销售与售后管理

第一节 药品销售管理

一、GSP 对销售管理的要求

药品销售的基本原则就是药品经营企业或药品经营人员在药品销售过程中应当遵循法律、法规。药品零售是药品进入患者手中的终端环节,营业员只有切实遵循柜台药品销售的基本原则,才能卓有成效地销售药品,保证患者正确购买药品。GSP 对药品批发及零售企业的药品销售做了严格的规范,具体如下:

(一)现行 GSP 对药品批发的要求

第一,企业应当将药品销售给合法的购货单位,并对购货单位的证明文件、采购人员及提货人员的身份证明进行核实,保证药品销售流向真实、合法。

第二,企业应当严格审核购货单位的生产范围、经营范围或者诊疗范围,并按照相应的范围销售药品。

第三,企业销售药品,应当如实开具发票,做到票、账、货、款一致。

第四,企业应当做好药品销售记录。销售记录应当包括药品的通用名称、规格、剂型、批号、有效期、生产厂商、购货单位、销售数量、单价、金额、销售日期等内容。按照现行GSP第六十九条规定（发生灾情、疫情、突发事件或者临床紧急救治等特殊情况，以及其他符合国家有关规定的情形，企业可采用直调方式购销药品，将已采购的药品不入本企业仓库，直接从供货单位发送到购货单位，并建立专门的采购记录，保证有效的质量跟踪和追溯）进行药品直调的，应当建立专门的销售记录。

中药材销售记录应当包括品名、规格、产地、购货单位、销售数量、单价、金额、销售日期等内容；中药饮片销售记录应当包括品名、规格、批号、产地、生产厂商、购货单位、销售数量、单价、金额、销售日期等内容。

第五，销售特殊管理的药品以及国家有专门管理要求的药品，应当严格按照国家有关规定执行。

（二）现行GSP对药品零售的要求

第一，企业应当在营业场所的显著位置悬挂药品经营许可证、营业执照、执业药师注册证等。

第二，营业人员应当佩戴有照片、姓名、岗位等内容的工作牌，是执业药师和药学技术人员的，工作牌还应当标明执业资格或者药学专业技术职称。在岗执业的执业药师应当挂牌明示。

第三，销售药品应当符合以下要求：

①处方经执业药师审核后方可调配；对处方所列药品不得擅自更改或者代用，对有配伍禁忌或者超剂量的处方，应当拒绝调配，但经处方医师更正或者重新签字确认的，可以调配；调配处方后经过核对方可销售。

②处方审核、调配、核对人员应当在处方上签字或者盖章，并按照有关规定保存处方或者其复印件。

③销售近效期药品应当向顾客告知有效期。

④销售中药饮片做到计量准确,并告知煎服方法及注意事项;提供中药饮片代煎服务,应当符合国家有关规定。

第四,企业销售药品应当开具销售凭证,内容包括药品名称、生产厂商、数量、价格、批号、规格等,并做好销售记录。

第五,药品拆零销售应当符合以下几个方面要求:

①负责拆零销售的人员经过专门培训。

②拆零的工作台及工具保持清洁、卫生,防止交叉污染。

③做好拆零销售记录,内容包括拆零起始日期、药品的通用名称、规格、批号、生产厂商、有效期、销售数量、销售日期、分拆及复核人员等。

④拆零销售要使用洁净、卫生的包装,并在包装上注明药品名称、规格、数量、用法、用量、批号、有效期以及药店名称等内容。

⑤提供药品说明书原件或复印件。

⑥拆零销售期间,保留原包装及说明书。

第六,销售特殊管理的药品和国家有专门管理要求的药品,应当严格执行国家有关规定。

第七,药品广告宣传应当严格执行国家有关广告管理的规定。

第八,非本企业在职人员不得在营业场所内从事药品销售相关活动。

二、购货单位及相关人员的合法性审核

按照有关规定,药品经营企业应当将药品销售给合法的购货单位,严格审核购货单位的生产范围、经营范围或者诊疗范围,并按照相应的范围销售药品,对购货单位的证明文件、采购人员及提货人员的身份证明进行核实,保证药品

销售流向真实、合法。对销售对象的审核程序规定如下：

（一）建立购货方销售档案

档案包括各种资质材料和企业信誉评审内容。

（二）职责分工

销售部负责收集并确认客户资料与合法证明，质量部负责指导、监督并审核。

（三）审核内容

第一，购货单位为药品生产企业的，应当查验加盖其公章原印章的药品生产许可证复印件、营业执照及其年检证明复印件、开户许可证复印件或开票资料、税务登记证和组织机构代码证复印件等资料，确认其真实、有效。

第二，购货单位为药品经营企业的，应当查验加盖其公章原印章的药品经营许可证复印件、营业执照及其年检证明复印件、开户许可证复印件或开票资料、税务登记证和组织机构代码证复印件等资料，确认其真实、有效。

第三，购货单位为医疗机构的，应当查验加盖其公章原印章的医疗机构执业许可证复印件，确认其真实、有效。

第四，对于特殊药品，销售人员开单前要先确认客户有无经营或使用特殊管理药品许可，公司无客户经营或使用特殊管理药品许可证的不得开单销售。

第五，对购货单位采购人员的资质进行审核，确保采购人员的合法身份。审核采购人员的合法资质，应当查验以下资料，确认真实、有效：加盖购货单位公章原印章的销售人员身份证复印件；加盖购货单位公章原印章的法定代表人印章或签名的授权书，授权书应当载明被授权人姓名、身份证号码，以及授权采购的品种、地域、期限。

（四）相关记录

销售部门应详细填写"首营客户登记表"，将购货单位资料信息录入计算机系统，设定销售范围和时限。当购货单位的资质过期或购货计划超出其经营范围时，系统自动锁定。

三、销售凭证的管理

为了规范企业药品经营行为，强化药品生产、流通过程的监督管理，严厉打击"挂靠经营"等违法行为和经销假劣药品违法活动，保障药品质量安全，保护消费者和药品经营企业的合法权益，维护公众健康和用药安全，GSP要求药品经营企业切实履行开具销售凭证的义务，同时对所销售药品的信息留存备份。《中华人民共和国药品管理法》明确规定，药品经营企业购销药品，应当有真实、完整的购销记录。购销记录应当注明药品的通用名称、剂型、规格、批号、有效期、上市许可持有人、生产企业、购销单位、购销数量、购销价格、购销日期及国务院药品监督管理部门规定的其他内容。

第一，药品生产、批发企业销售药品，必须开具增值税专用发票或者增值税普通发票（以下统称税票），税票上应列明销售药品的名称、规格、单位、数量、金额等，如果不能全部列明所购进药品的上述详细内容，应附《销售货物或者提供应税劳务清单》，并加盖企业财务专用章或发票专用章，注明税票号码。所销售药品还应附销售出库单，包括通用名称、剂型、规格、批号、有效期、生产厂商、购货单位、出库数量、销售日期、出库日期和销售金额等内容，税票（包括清单，下同）与销售出库单的相关内容应对应，金额应相符。

药品批发企业购进药品,应主动向供货方索要税票。到货验收时,应依据税票所列内容,对照供货方销售出库单进行验收,并建立购进药品验收记录,做到票、账、货相符。对税票不符合国家有关规定,或者票、货之间内容不相符的,不得验收入库。

药品零售企业购进药品必须验明税票、供货方销售出库单与实际购进药品的品种、数量,核对一致后方可作为合格药品入库或上架销售。

税票的购销方名称及金额应与付款流向及金额相一致,并与各自相关财务账目内容相对应。

第二,企业应当做好药品销售记录,确保内容齐全、规范。销售记录应当包括药品的通用名称、规格、剂型、批号、有效期、生产厂商、购货单位、销售数量、单价、金额、销售日期等内容。按照规定进行药品直调的,应当建立专门的销售记录。中药材销售记录应当包括品名、规格、产地、购货单位、销售数量、单价、金额、销售日期等内容;中药饮片销售记录应当包括品名、规格、批号、产地、生产厂商、购货单位、销售数量、单价、金额、销售日期等内容。记录应字迹清晰,内容正确完整,不得任意涂改。

第三,企业对药品购销中发生的购销税票及票据,应按有关规定保存,建立明确的流转程序与交接手续,妥善保管销售凭证,防止流散和丢失。特殊管理的药品的记录及凭证按相关规定保存。

四、销售合同的管理

药品购销合同是药品经营过程中明确供销双方权利和义务的重要形式之一,可以促使双方在经营活动中牢固树立质量意识,依法规范经营。合同管理是药品经营企业管理的一项重要内容,对于企业经济活动的开展和经济利益的取得有着重要作用。

（一）购销合同的形式

购销合同的形式主要有三种：①标准书面合同；②质量保证协议；③文书、传真、电话记录、电报、电信、口头约定等。

对于建立长期购销关系的企业，购销双方应签订明确质量责任的质量保证协议，必须明确有效期，一般应按年度重新签订。

合同经购销双方法定代表人或法定代表人委托的人员签字并盖公章（或合同专用章）后方可生效。函件、电报、电传要货，待另一方承诺后，视为合同生效，电话要货嗣后追补正式合同。

（二）书面合同的项目与内容

合同项目：购销双方企业名称、地址及邮编、电话、传真、邮件地址、银行账号与税号、签约代表、签约时间、合同正文。

合同正文内容：药品名称、规格、批准文号、供货价、包装单位、数量及总金额；交货时间、方式、地点；结算方式与付款期限；质量标准、质量责任分配；违约处理方式。

（三）质量条款

工商间购销合同中应明确：①药品质量符合质量标准和有关质量要求；②药品附产品合格证；③药品包装符合有关规定和货物运输要求。

商商间购销合同中应明确：①药品质量符合质量标准和有关质量要求；②药品附产品合格证；③购入进口药品，供货方应提供符合规定的证书和文件；④药品包装符合有关规定和货物运输要求。

(四）合同签订后，双方必须严格执行

不符合质量标准的商品，不得签订合同或成交。购销双方发生经济纠纷时，应及时协商解决。协商不成，当事人可按国家规定向有关部门申请调解或仲裁，也可以向法院提起诉讼。

(五）销货方在合同有效期内，要按期交货

半年合同分季或按要求时间开票。在合同有效期后20天（危险品50天，笨重商品50天，怕热、怕冻商品延续到解除期后20天内）交运，视为按期执行合同。超过上述期限交运商品，要经双方协商同意。由于商品有包装，单一品种规格签订合同分点时，尽量以箱（件）为单位，减少拆箱（件）。开票时如按箱（件）计算超出或少于合同总数量10%（玻璃仪器20%，贵重商品应按合同规定数），双方应视为执行合同，不得拒收商品和拒付货款。

(六）合同签订后，任何一方不得单方面变更合同内容或解除合同

合同签订后，不得单方面变更合同内容或解除合同，确因特殊情况必须变更，按下列各项办理：

①购货方需要变更合同时，必须在合同签订后1个月内提出；销货方在接到购货方的变更合同通知时（以收到日邮戳为准），需在10日内给予答复，否则视为同意。如货未交运，经双方协商同意，可办理变更合同手续；货已交运，不能追回时，要照常发运结算，并及时通知购货方。

②因生产等原因，销货方不能履行合同时，最迟要在交货时间前1个月内，向购货方提出变更合同的通知，在未办妥变更合同手续之前，原合同仍有效。

③合同注明的专项订货不得注销合同。

五、拆零药品的销售

（一）药品拆零

拆零药品一般是指医院、诊所、药店将完整包装单元（瓶、盒）的药品拆分后予以销售、使用的药品。药品拆零可以减少药品的浪费，使药品的使用更加合理。但在实际应用中，由于拆零药品没有完整的包装和药品说明书，因此不能反映药品的品名、规格、批号、有效期、用法、用量、注意事项、不良反应等内容。拆零药品在医疗机构应用较普遍，但由于包装条件改变，药品质量容易受到影响。如果不重视拆零药品管理，容易给患者安全用药埋下隐患。

药品拆零通常是将最小销售单元拆开以便于销售，那么，首先需要理解什么是药品最小销售单元。药品的包装通常有大包装、中包装、小包装。直接接触药品的叫最小包装，如瓶、复合膜袋、安瓿、铝塑泡罩板等。药品的最小包装单元一般是瓶、盒、袋等。药品的最小销售单元，是指最小包装中含有完整的药品标签和说明书的药品。拆零销售以药片、胶囊和注射剂最为多见。如果以盒为单位销售，没有破坏其最小包装单位，则不属于拆零。

（二）药品拆零销售的管理

第一，负责拆零销售的人员需经过专门培训。药品拆零销售应该由专人负责，要求从业人员具备一定的文化水平，定期参加专业培训。

第二，需设立专门的拆零柜台或货柜，并配备必要的拆零工具，如药匙、药刀、瓷盘、拆零药袋等，并保持拆零工具清洁卫生。操作人员不得用手直接接触药品，出售拆零药品时必须使用专用药匙。工具使用完后，应保持清洁，放置于干净包装袋或盒中，以免受污染。

第三，销售拆零药品时，要坚持"一问、二看、三核对"，即一问清楚顾客所购的药品，二看清楚药品的名称、规格、数量是否同顾客所需的药品相符，三对发出的药品细心核对，防止出错。确认药品、包装袋的内容无差错后，将药品发给顾客，详细说明用法、用量、注意事项。

在药品拆零销售时，应使用清洁、卫生、统一规范的包装，包装上写明药品名称、批号、规格、数量、用法、用量、有效期以及药店名称等内容，并向顾客提供药品说明书原件或者复印件。拆零销售期间，保留原包装和说明书。药品拆零销售应做到销售完一个批号，记录后，再拆零另一个批号的药品，不得将不同药品混装、混拆。

拆零药袋上有效期的填写：拆零药品为完全裸露的药片，有效期按处方量计算时间或不超过7天；拆零药品为保留有最小包装的药品，按包装标签、说明书上标注的有效期填写。

第四，拆零药品应做好拆零销售记录，记录内容包括以下项目：拆零起止日期、药品的通用名称、规格、批号、有效期、销售数量、销售日期、生产企业、分拆及复核人员等。

第五，拆零药品要按重点养护的品种来管理，如有变质等不符合药品质量要求的情况按不合格药品处理。拆零前，对药品外观进行检查，凡发现质量可疑或外观性状不合格的药品不可拆零。拆零药品，尤其是糖衣片和软、硬胶囊，由于除去了外包装（容易受空气中水分、氧气、光线等因素的影响），药品质量难以保证，因此要对拆零药品进行定期检查，并做好记录。拆零药品过期或外观质量不符合规定，应立即撤柜，按不合格药品处理。营业员若怀疑拆零的药品有质量问题，则应立即停止销售并通知质量管理人员。质量管理人员确认为质量不合格的，按不合格药品处理。

第二节 药品售后管理

一、现行 GSP 对售后管理的要求

药品经营企业应建立定期联系制度,通过多种形式,对药品质量开展调查研究,重视并收集用户对药品质量的评价意见,搞好用户意见的反馈和处理,定期汇总分析,向有关部门通报情况。

已售出的药品如发现质量问题,企业应及时向药品监督管理部门报告,并及时、完整地追回所销售药品,做好售出药品的追回记录。现行 GSP 对药品批发企业及零售企业的售后管理做了严格的规范,具体如下:

第一,企业应当加强对退货的管理,保证退货环节药品的质量和安全,防止混入假冒药品。

第二,企业应当按照质量管理制度的要求,制定投诉管理操作规程,内容包括投诉渠道及方式、档案记录、调查与评估、处理措施、反馈和事后跟踪等。

第三,企业应当配备专职或者兼职人员负责售后投诉管理,对投诉的质量问题查明原因,采取有效措施及时处理和反馈,并做好记录,必要时应当通知供货单位及药品生产企业。

第四,企业应当及时将投诉及处理结果等信息记入档案,以便查询和跟踪。

第五,企业发现已售出药品有严重质量问题,应当立即通知购货单位停售、追回并做好记录,同时向药品监督管理部门报告。

第六,企业应当协助药品生产企业履行召回义务,按照召回计划的要求及时传达、反馈药品召回信息,控制和收回存在安全隐患的药品,并建立药品召

回记录。

第七，企业质量管理部门应当配备专职或者兼职人员，按照国家有关规定承担药品不良反应监测和报告工作。

第八，除药品质量原因外，药品一经售出，不得退换。

第九，企业应当在营业场所公布药品监督管理部门的监督电话，设置顾客意见簿，及时处理顾客对药品质量的投诉。

第十，企业应当按照国家有关药品不良反应报告制度的规定，收集、报告药品不良反应信息。

第十一，企业发现已售出药品有严重质量问题，应当及时采取措施追回药品并做好记录，同时向药品监督管理部门报告。

第十二，企业应当协助药品生产企业履行召回义务，控制和收回存在安全隐患的药品，并建立药品召回记录。

二、药品销后退回管理

药品作为特殊的商品，除自身质量原因外，一经售出概不退换，但企业发现已售出药品存在严重质量问题时，应当及时采取措施追回药品并做好记录，确保记录真实、完整、有效和可追溯，同时向药品监督管理部门报告。药品严重质量问题是指威胁用药者健康和生命安全或性质恶劣、影响极坏。发现问题药品：①及时采取措施追回药品；②立即停止销售该药品；③如果药品严重质量问题源于药品生产企业或者供货商，应告知其有关信息，防止问题药品继续在市场扩散；④及时向药品监督管理部门报告并按要求对问题药品实施控制；⑤做好并保存问题药品的进、销、存、追溯、控制的记录，配合药品生产企业和药品监督管理部门进行有关追溯和控制工作;⑥查明造成药品严重质量问题的原因,分清责任,杜绝同类问题再次发生。

(一)药品销后退回操作流程

按照现行 GSP 的要求,药品经营企业必须制定相应的药品销后退回管理制度,以加强对退回药品的管理。销后退回药品是指已正常销售出库并在进入流通或使用环节后,因质量或非质量原因而被退回本公司的药品。对销后退回药品应当逐批验收,有专人管理、专账记录。药品销后退回操作流程如图 7-1 所示。

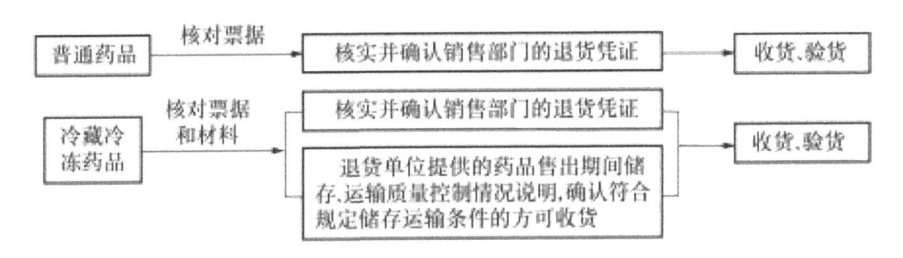

图 7-1 药品销后退回操作流程

第一,药品销售人员收到用户退货请求,核实退货原因,对符合退货条件的药品,填写药品退货通知单,报业务部主管审核批准。

第二,药品保管员凭药品退货通知单与实物核对无误后收货,存放于退货药品库(区),由专人保管并做好退货记录。

第三,药品验收员按照购进验收的规定,将退回药品从退货区转移至待验区,进行质量检查验收;如对退回药品的质量状况无法确认,需报质量管理员处理。在必要时,质量管理员要将样品送相关法定药品检验机构检验。无论是否由于质量原因退货,均应按规定验收。待验期间按规定的储存条件储存,冷藏药品应由退货方提供药品售出期间的储存、运输情况说明,确认是否符合冷藏条件要求。

第四，药品经验收合格，由保管人员记录后，才能存放合格药品库（区）；不合格药品记录后，存放不合格药品库（区）。

第五，质量管理员要查明药品不合格的具体原因，厘清质量责任：①凡属于供货单位责任的，由质量管理员通知药品购进部门与供货单位联系，办理索赔；②不合格药品退回后，应按照不合格药品的确认和处理程序进行处理；③相关凭证、记录齐全，妥善保存3年。

（二）退回药品验收项目

对销后退回的药品，验收人员应按进货验收的规定验收，必要时抽样送检验部门检验。验收的内容主要包括数量、外观质量和包装质量的检查，并填写药品验收记录。

1.数量验收

核对实物与销后退回凭证的一致性。

2.外观质量验收

根据药品说明书和药品标准对不同剂型的外观质量要求的必要项目和内容进行检查。此外，应根据验收养护室所配备的设施设备条件及企业实际管理的需要，确定质量检查项目，一般应对澄明度、装量差异、片重差异等项目进行检查。

3.包装验收

内包装应根据相应品种的质量标准规定进行检查（如避光、密闭、密封、熔封等），要求清洁、无毒、干燥，封口严密、无渗漏、无破损。外包装要对有无渗液、污损、破损等情况进行检查。

4.药品验收记录

验收记录记载供货单位、数量、到货日期、品名、剂型、规格、批准文号、批号、生产厂商、有效期、质量状况、验收结论、验收人员等项。

三、药品质量投诉管理

现行 GSP 规定,药品批发和零售连锁企业应当按照质量管理制度的要求,制定投诉管理操作规程,内容包括投诉渠道及方式、档案记录、调查与评估、处理措施、反馈和事后跟踪等。同时,药品零售企业和零售连锁门店应当在营业场所公布药品监督管理部门的监督电话,设置顾客意见簿,及时处理顾客对药品质量的投诉。

按照上述管理要求,企业应制定质量投诉规程并严格执行。当公司接到客户投诉后,应分析药品质量投诉内容,查明真相,及时给出反馈意见,提供有效的处理措施。通常药品质量投诉管理操作规程如下:

(一)客户投诉的接收

公司收到客户投诉后,应及时、完整地填写顾客意见及投诉受理卡。客户投诉登记内容应包括药品名称、规格、批号、投诉人姓名、联系方式、投诉内容等。

(二)质量投诉情况的调查

质量管理部门先对投诉情况进行预审,确定投诉是否属实,投诉内容的性质是否严重,然后安排核实、调查。若核实发现不属于本公司的责任(无效投诉),则应向投诉方作出耐心、科学的解释,以取得客户的理解。若核实发现属于本公司的责任（有效投诉），则应向对方道歉，感谢他们提供的意见并作出适当赔偿。

核实、调查的内容包括以下方面：第一，检查投诉药品的相关记录凭证，如购进记录、验收记录、销售记录等。第二，已出现不良反应的则派人走访，耐心听取客户意见，了解客户的有关要求。第三，情况特殊的可会同当地有关部门对投诉情况进行检查，以详细了解产品质量问题，必要时对药品进行内在质量检查。第四，调查工作结束后，由调查人员在"客户质量投诉调查处理记录"上详细填写调查情况。

（三）客户投诉处理

根据调查情况，由质量管理部门提出处理意见，报主管领导审批后执行。一般质量问题由质量管理部负责解释、沟通，并与客户进行协商，若涉及退换货、退款，则需要经主管领导批准。如有重大质量问题，为防止事态扩大，应当通知药品供货单位及生产企业。当遇到对方提出不合理要求且难以通过协商解决时，可聘请法定的质量检验机构和药品监督管理部门进行仲裁。

所有调查结果、原因分析、纠正措施、处理意见，均应记录在药品质量投诉处理单上，并向客户答复。客户对答复内容进行确认。当客户有不同意见或要求时，业务部与质量管理部应共同重新审核相关内容和措施，直至客户满意。应对所有的投诉及其纠正措施进行记录并整理归档，以便查询和跟踪。

四、药品召回管理

（一）药品召回级别

按照药品安全隐患严重程度，药品召回分为三个级别：一级召回，使用该药品可能引起严重健康危害的；二级召回，使用该药品可能引起暂时的或者可逆的健康危害的；三级召回，使用该药品一般不会引起健康危害，但由于其他原因需要收回的。药品生产企业应当根据召回分级与药品销售和使用情况，科学设计药品召回计划并组织实施。

药品生产企业要调查药品可能存在的安全隐患。在药品监督管理部门对药品可能存在的安全隐患开展调查时，药品生产企业应当予以协助。药品经营企业、使用单位应当配合药品生产企业或者药品监督管理部门开展有关药品安全隐患的调查，并提供相关资料。

药品安全隐患调查的内容应当根据实际情况确定，主要包括：①已发生药品不良事件的种类、范围及原因；②药品使用是否符合药品说明书、标签规定的适应症、用法用量的要求；③药品质量是否符合国家标准，药品生产过程是否符合 GSP 等规定，药品生产与批准的工艺是否一致；④药品储存、运输是否符合要求；⑤药品主要使用人群的构成和比例；⑥可能存在安全隐患的药品批次、数量及流通区域和范围；⑦其他可能影响药品安全的因素。

药品安全隐患评估的主要内容：①该药品引发危害的可能性，以及是否已经对人体健康造成了危害；②对主要使用人群的危害；③对特殊人群，尤其是高危人群的危害，如老年人、儿童、孕妇、肝肾功能不全者、外科病人等；④危害的严重与紧急程度；⑤危害导致的后果。

（二）主动召回

根据召回活动发起主体不同，可将药品召回分为主动召回和责令召回两类。主动召回是指药品生产企业通过信息的收集分析、调查评估，根据事件的严重程度，在没有官方强制的前提下主动对存在安全隐患的药品进行召回。进口药品的境外生产企业在境外进行药品召回的，要及时向有关部门报告；在境内进行召回的，由进口单位按照相关规定具体实施。

药品生产企业在作出药品召回决定后，应当制订召回计划并组织实施，通知药品经营企业和使用单位停止销售和使用，同时向所在地的药品监督管理部门报告。药品生产企业在启动召回程序后，一级召回在24小时内实施，二级召回在48小时内实施，三级召回在72小时内实施，并将调查评估报告、召回计划提交给所在地药品监督管理部门进行备案。调查评估报告应当包括以下内容：召回药品的具体情况，包括名称、批次等基本信息；实施召回的原因；调查评估结果；召回分级。召回计划应当包括以下内容：药品生产销售情况及拟召回的数量；召回措施的具体内容，包括实施的组织、范围和时限等；召回信息的公布途径与范围；召回的预期效果；药品召回后的处理措施；联系人的姓名及联系方式。

药品生产企业变更召回计划的，要及时向药品监督管理部门备案。企业在实施召回中，一级召回每日、二级召回每3日、三级召回每7日，向所在地药品监督管理部门报告召回进展情况。企业对召回药品的处理应当有详细的记录（见表7-1），并向所在地药品监督管理部门报告。必须销毁的药品，应当在药品监督管理部门监督下销毁。企业在召回完成后，应当对召回效果进行评价，向所在地药品监督管理部门提交药品召回总结报告。

表 7-1　药品召回记录表

名称	规格	生产厂家	生产批号	有效期	召回时间	召回数量	召回理由

（三）责令召回

责令召回是指药品监督管理部门通过调查评估，认为存在潜在安全隐患，企业应当召回药品而未主动召回的，责令企业召回药品。在必要时，药品监督管理部门可要求药品生产企业、经营企业立即停止销售该药品。

药品监督管理部门作出责令召回决定的，应当将责令召回通知书送达药品生产企业，通知书包括以下内容：召回药品的具体情况，包括名称、批次等基本信息；实施召回的原因；调查评估结果；召回要求，包括范围和时限等。企业在收到责令召回通知书后，应当按照规定通知药品经营企业和使用单位，制订、提交召回计划，并组织实施。同时，企业应当按照规定向药品监督管理部门报告药品召回的相关情况，进行召回药品的后续处理。

第三节 药品不良反应报告制度

一、药品不良反应的定义和类别

药品不良反应是指合格药品在正常用法用量下出现的与用药目的无关的有害反应。由此可知,构成药品不良反应的四个前提:①合格药品;②在正常用法用量下出现;③与用药目的无关;④有害反应。因此,由治疗失误、用药过量、药物滥用、患者缺乏用药依从性、过多或过少服用药物、用药错误等引起的反应均不属于药品不良反应。药品不良反应是药品的基本属性,任何药品都可能引起不良反应,只是反应的程度和发生率不同而已。引起药品不良反应的原因较为复杂,主要与药物因素、机体因素、给药方法等密切相关。

药物不良反应有多种分类方法,通常按其与药理作用有无关联分为 A 型(量变型异常)和 B 型(质变型异常)两大类。A 型反应指因药物正常的药理作用过强而引起的反应,如普萘洛尔引起的心动过缓。该型反应通常具有剂量依赖性和可预测性,发生率较高但死亡率低,包括药物的副作用、毒性作用、继发反应、首剂效应、后遗效应、撤药综合征等。B 型反应指与药物正常药理作用无关的、新的或异常的不良反应,如青霉素引起的过敏反应。该型反应通常不可预知,也不常见,发病率较低但死亡率相对较高,包括变态反应和特异质反应。

依据反应类型的不同可分为严重的、一般的及新的药品不良反应。严重药品不良反应,指因使用药品引起以下损害情形之一的反应:①导致死亡;②危及生命;③致癌、致畸、致出生缺陷;④导致显著的或永久的人体伤残或器官功能损伤；⑤导致住院或住院时间延长；⑥导致发生其他重要医学事件,如不进行治疗可能会出现上述情况的。一般不良反应是指除严重的不良反应以外的所有药品不良反应。新的药品不良反应,指药品说明书中未载明的不良反应；说明书中虽已有描述,但不良反应的性质、程度、后果或频率与说明书描述不一致或更严重的,按照新的药品不良反应进行处理。

从有关部门发布的药品不良反应监测年度报告中可以看出,化学药注射剂的不良反应表现多为皮疹、瘙痒、恶心、呕吐、胸闷、过敏反应、头晕、心悸、寒战、发热等,化学药口服制剂的不良反应表现多为恶心、皮疹、呕吐、头晕、瘙痒、头痛、腹泻、腹痛、口干、咳嗽等；中药注射剂的不良反应表现多为皮疹、瘙痒、胸闷、恶心、心悸、寒战、过敏反应、头晕、呕吐、呼吸困难等,中成药口服制剂的不良反应表现多为恶心、腹泻、皮疹、呕吐、腹痛、瘙痒、头晕、胃不适、口干、头痛等。

报告的药品不良反应(事件)中,数量排名前三位的为皮肤及其附件损害、胃肠系统损害和全身性损害。

二、药品不良反应报告和监测的范围

药品不良反应报告和监测指药品不良反应的发现、报告、评价和控制的过程。《药品不良反应报告和监测管理办法》规定,药品生产、经营企业和医疗机构应当建立药品不良反应报告和监测管理制度。药品生产企业应当设立专门机构并配备专职人员,药品经营企业和医疗机构应当设立或者指定机构并配备专(兼)职人员,承担本单位的药品不良反应报告和监测工作。现行 GSP 规定,企业质量管理部门应当配备专职或兼职人员,按照国家相关规定承担药品不良反应监测和报告工作；企业应当按照国家有关药品不良反应报告制度的规定，收集、报告药品不良反应信息。

世界卫生组织监测中心要求由医务人员和药品生产与供应人员报告药品不良反应，监测范围包括未知的、严重的、罕见的、异乎寻常的、不可预测的药品不良反应；要求全面报告新药，不论该反应是否已经在说明书中注明。

《药品不良反应报告和监测管理办法》规定，新药监测期内的国产药品应当报告该药品的所有不良反应；其他国产药品，报告新的和严重的不良反应。进口药品自首次获准进口之日起 5 年内，报告该进口药品的所有不良反应；满 5 年的，报告新的和严重的不良反应。

三、药品经营企业不良反应报告的程序

（一）实行逐级、定期报告制度

报告范围为药品引起的所有可疑不良反应，发现严重或罕见的药物不良反应必须及时报告，必要时可以越级报告。

（二）按季度报告和快速报告

药品生产、经营企业和医疗预防保健机构必须严格监测本单位生产、经营、使用药品的不良反应情况。一旦发现可疑不良反应，应详细记录、调查，按规定报告。药品生产、经营企业和医疗预防保健机构，如发现药品说明书中未明确记载的可疑严重不良反应病例，必须以快速（最迟不超过 72 小时）、有效的方式报告省级药品监督管理部门、卫生健康部门和药品不良反应监测中心，并同时报告国家药品不良反应监测中心。其中死亡病例必须在 12 小时内报告上

述机构,并同时报告国家药品监督管理局和国家卫健委。发现药品说明书中未载的可疑不良反应和已载明的所有药品不良反应病例,应按季度向所在省、自治区、直辖市药品不良反应监测专业机构集中报告。

(三)防疫药品、普查普治用药品、预防用生物制品的不良反应报告

药品生产、经营企业、医疗预防保健机构发现防疫药品、普查普治用药品、预防用生物制品出现的不良反应群体或个体病例,必须立即向所在地药品监督管理部门、卫生健康部门、药品不良反应监测专业机构报告,同时向国家药品监督管理局、国家卫健委和国家药品不良反应监测专业机构报告。

第四节 药品广告与宣传

药品广告的社会效益是为消费者提供药品信息,指导消费者合理用药,促进医药卫生事业的健康发展。除了医生对消费者进行用药指导,药品广告内容对指导消费者合理用药、安全用药也起着一定的引导作用,这就需要对药品广告内容进行严格的管理和监督。药品生产、经营企业及其销售人员应正确介绍药品,不得虚假夸大和误导消费者。药品广告经营者、发布者和广告主应严格遵守国家有关广告管理的法律法规,宣传的内容必须以国家药品监督管理部门批准的药品说明书为准,不得含有虚假的内容。

一、药品广告的审查

（一）药品广告的审查依据

药品广告只有符合下列法律法规，才能通过审查：《中华人民共和国广告法》《中华人民共和国药品管理法》《中华人民共和国药品管理法实施条例》《药品广告审查发布标准》，以及国家关于广告管理的其他规定。

（二）药品广告申请人的资格

药品广告批准文号的申请人必须是具有合法资格的药品生产企业或经营企业。药品经营企业作为申请人的，必须征得药品生产企业的同意。申请人可以委托代办人代办药品广告批准文号的相关事宜。

（三）申请药品广告批准文号应提交的资料

申请药品广告批准文号，应当提交药品广告审查表，并附与发布内容相一致的样稿（样片、样带）和药品广告申请的电子文件，同时提交以下真实、有效、合法的证明文件：

①申请人的营业执照复印件；

②申请人的药品生产许可证或药品经营许可证复印件；

③申请人是药品经营企业的，应提交药品生产企业同意其作为申请人的证明文件原件；

④代办人代为申办药品广告批准文号的，应提交申请人的委托书原件和代办人的营业执照复印件等主体资格证明文件；

⑤药品批准证明文件（含进口药品注册证、医药产品注册证）复印件、经

批准的说明书复印件和实际使用标签及说明书；

⑥非处方药品广告需提交非处方药品审核登记证书复印件或相关证明文件的复印件；

⑦申请进口药品广告批准文号的，应当提供进口药品代理机构的相关资格证明文件的复印件；

⑧广告中涉及药品名称、专利、注册商标等内容的，应提交相关有效证明文件的复印件和其他确认广告内容真实性的证明文件。

提供的证明文件的复印件还需加盖证件持有单位的印章。

（四）药品广告的受理与审查

药品广告审查机关收到药品广告批准文号的申请后，对申请材料齐全且符合法定要求的，发放药品广告受理通知书；申请材料不齐全或者不符合法定要求的，应当场或者在 5 个工作日内一次性告知申请人需要补充的全部内容；逾期不告知的，自收到申请材料之日起即为受理。

药品广告审查机关应当自受理之日起 10 个工作日内，对申请人提交的证明文件的真实性、合法性、有效性进行审查，并依法对广告内容进行审查。对审查合格的药品广告，发放药品广告批准文号；对审查不合格的药品广告，应当作出不予核发药品批准文号的决定，书面通知申请人并说明理由，同时告知申请人享有依法申请行政复议或者提起行政诉讼的权利。

对已批准的药品广告，药品广告审查机关应报有关部门备案，并将批准后的药品广告审查表送同级广告监督管理机关进行备案。对备案中存在问题的药品广告，有关部门应责成药品广告审查机关予以纠正。对已批准的药品广告，药品监督管理部门要及时向社会公布。

二、禁止发布广告的药品种类

根据有关规定,不得发布以下药品广告:

①麻醉药品、精神药品、医疗用毒性药品、放射性药品等特殊药品,药品类易制毒化学品,以及戒毒治疗的药品;

②医疗机构配制的制剂;

③军队特需药品;

④国家依法明令停止或者禁止生产、销售、使用的药品;

⑤批准试生产的药品。

三、药品广告审查发布标准

(一)处方药广告发布的要求

处方药只能在国务院卫生行政部门和国务院药品监督管理部门共同指定的医学、药学专业刊物上发布广告,不得在大众传播媒介上发布广告或以其他方式对公众进行广告宣传,也不得以赠送医学、药学专业刊物等形式,向公众发布处方药广告。

处方药名称与该药品的商标、生产企业字号相同的,不得使用该商标、企业字号在医学、药学专业刊物以外的媒介上变相发布广告。不得以处方药名称或者以处方药名称注册的商标以及企业字号为各种活动冠名。

(二)药品广告内容的要求

药品广告的内容不得与国务院药品监督管理部门批准的说明书不一致,并应显著标明禁忌和不良反应。不得进行扩大或者恶意隐瞒的宣传,不得含有说明书以外的理论、观点等内容。非处方药的广告不得宣传药理作用。

药品广告中必须显著标明药品的通用名称、药品生产批准文号、药品广告批准文号;以非处方药商品名称为各种活动冠名的,可以只发布药品商品名称。

药品广告必须标明药品生产企业或药品经营企业的名称,不得单独出现"咨询电话""咨询热线"等内容。非处方药的广告还必须同时标明非处方药专用标识(OTC)。药品广告中不得以产品注册商标代替药品名称进行宣传,但经批准作为药品商品名称使用的文字型注册商标除外。在广播电台发布已经审查批准的药品广告时,可以不播出药品广告批准文号。

处方药广告应当显著标明"本广告仅供医学药学专业人士阅读",非处方药广告应当显著标明"请按药品说明书或者在药师指导下购买和使用"。

药品广告中有关药品功能疗效的宣传应当科学、准确,不能含有下列内容:

①表示功效、安全性的断言或者保证;

②说明治愈率或者有效率;

③与其他药品、医疗器械的功效和安全性或者其他医疗机构比较;

④利用广告代言人作推荐、证明;

⑤违反科学规律,明示或者暗示包治百病、适应所有症状的;

⑥含有"安全无毒副作用""毒副作用小"等内容的;含有明示或者暗示中成药为"天然"药品,因而安全性有保证等内容的;

⑦含有明示或者暗示该药品为正常生活和治疗病症所必需等内容的;

⑧含有明示或暗示服用该药能应付现代紧张生活和升学、考试等需要,能够帮助提高成绩、使精力旺盛、增强竞争力、增高、益智等内容的;

⑨通过宣传某些成分的作用,扩大宣传药品说明书之外的功效,误导消费者的;

⑩其他不科学的用语或者表示，如"最新技术""最高科学""最先进制法"等。

药品广告应当宣传和引导合理用药，不得直接或者间接怂恿任意、过量地购买和使用药品，不得含有以下内容：

①含有不科学的表述或者使用不恰当的表现形式，引起公众对所处健康状况和所患疾病产生不必要的担忧和恐惧，或者使公众误解不使用该药品会患某种疾病或加重病情的；

②含有免费治疗、赠送、有奖销售、将药品作为礼品或者奖品等促销药品内容的；

③含有"家庭必备"或者类似内容的；

④含有"无效退款""保险公司保险"等保证内容的；

⑤含有评比、排序、推荐、指定、选用、获奖等综合性评价内容的。

（三）药品广告中禁止使用的对象

①药品广告不得包含利用医药科研单位、学术机构、医疗机构或者专家、医生、患者的名义以及形象作证明的内容；

②不得以国家机关和国家机关工作人员的名义进行宣传；

③不得含有军队单位或者以军队人员的名义、形象进行宣传的内容；不得利用军队装备、设施从事药品广告宣传；

④不得含有涉及公共信息、公共事件或其他与公共利益相关联的内容，如各类疾病信息、经济社会发展成果或医药科学以外的科技成果；

⑤不得在针对未成年人的大众传播媒介上发布药品广告，不得以未成年人的名义介绍药品，不得将未成年人作为诉求对象；

⑥不得含有医疗机构的名称、地址、联系办法、诊疗项目、诊疗方法以及

有关义诊、医疗（热线）咨询、开设特约门诊等医疗服务的内容；禁止利用新闻报道、医疗资讯服务类专题节（栏）目或以介绍健康、养生知识等形式发布或变相发布药品广告。

第八章 药品的出库与运输配送管理

第一节 药品的出库管理

在药品的经营中,出库、运输与配送是药品流通环节质量管理的最后环节,是防止质量不合格药品进入市场的最后关卡,也是对企业储存与养护工作的检验。

药品出库,是指对拟销售的药品进行出库前的检查,以保证其数量准确、质量良好。现行GSP对药品的出库复核注意事项,以及直调药品、特殊管理药品、冷藏冷冻药品等的出库作了规定。药品经营企业应制定相应的药品出库管理制度,即出库检查与出库复核制度,制定科学、合理的药品出库复核流程,明确相关人员的质量职责。

一、药品的出库原则与程序

(一)药品出库的原则

药品出库验发是一项细致而繁杂的工作,每个企业根据自己的软硬件情况制定的出库程序有所差异,但都必须遵循"先产先出""先进先出""易变先出"

"近期先出"和按批号发货的原则。

先产先出是指同一药品,根据生产日期的先后,选择较早生产的优先出库。通常,由于环境条件和药品本身的理化性质,药品储存的时间超过一定期限,即有效期,就会变质,以致造成损失。药品出库采用"先产先出",有利于库存药品不断更新,确保其质量。

先进先出是指同一药品,按进库的先后顺序出库。药品经营企业进货频繁,渠道较多,同一品种不同厂牌的进货较为普遍,加之库存量大,堆垛分散,如不掌握"先进先出",就有可能将后进库的药品发出,而先进的药品未发,时间一长,存库较久的药品就易变质。保管员在选择和确定出库的药品时,如果"先产先出"与"先进先出"出现矛盾,则遵循"先产先出"的原则。

近期先出即"近失效期"先出,是指同一规格的药品,根据有效期的不同,应优先选择近有效期的药品出库。对于仓库来讲,所谓"近失效期",还应包括给这些药品留有的调运、供应、发放和使用的时间,使其在失效之前进入流通市场并让消费者得以使用。通常情况下,不允许企业购进效期不足 6 个月的产品,失效期药品必须在质管部的监督下统一处理。保管员在选择和确定出库的药品时,如果"先产先出"与"近期先出"出现矛盾,则遵循"近期先出"的原则。

易变先出是指同一药品,由于受某些因素的影响,不宜久贮、易于变质,应优先出库。有的药品虽然后入库,但由于受到阳光、温度、湿度、空气等外界因素的影响,比先入库的药品易于变质。在这种情况下,药品出库就不能机械地采用"先产先出""先进先出"原则,而应该根据药品的质量情况,将易霉、易坏、不宜久贮的尽先出库。特别是某些药品因遇到意外事故不易久贮时,虽然离失效期尚远,也应采取"易变先出"办法尽先调出,以免受到损失。

按批号发货是指库存的同种药品,出库时按批号发货,以便日后进行质量追踪。

（二）药品出库的程序

药品经营企业应该制定药品出库管理制度，对药品的出库管理程序作出规定，明确相关人员的质量责任，保证出库药品的质量安全。

1.开具出库凭证（药品出库单）

仓储部应对业务部门提供的发货计划或销售订单进行审核，审核其品名、规格、包装与库存实物是否相符，数量是否充足够发，如有问题应及时向相关部门反馈。若无上述问题，则开具出库凭证并复核，防止差错。

2.核销存货

仓储部应凭单记账，核销存货。也有要求在出库凭证上批注出库药品的货位编号和发货后的结存数量，以便保管人员配货、核对。也可以将该项登账工作放后进行。

3.拣货

保管人员接到出库凭证后，审查所列项目，在确保"先产先出，近期先出"和按批号发货的前提下，按单从货位上提取药品；货物配发齐后，要反复清点核对，保证数量、质量，再依次序排列于待运货区。

4.出库复核

复核员必须按发货清单逐品种、逐批号对药品进行质量检查和数量、项目核对，并检查包装的质量状况，完成药品电子监管码的数据采集。对出库药品逐批复核后，复核人员应在发货单上签字。出库复核员完成出库复核操作后，计算机系统会自动生成包括购货单位、药品通用名称、剂型、规格、数量、批号、有效期、生产厂商、出库日期、质量状况和复核人员等内容的出库复核记录（见表8-1）。

表 8-1　药品出库复核记录

销售日期	品名	剂型	规格	单位	数量	生产企业	生产批号	有效期	购货单位	质量状况	发货人	复核人	备注

5.包装

整包装药品可以直接运输，零星药品需要集中装箱，且在核对包装时要有 2 人以上在场。装箱一定要按照包装要求进行，并注意药品的性质，保证安全。包装妥善后，应在出库凭证上填写实发数，整箱注明包装情况，零箱注明箱号，并计算件数、毛重、体积，向业务部门点交，由运输人员按照运送要求，分单位集中，进行发运准备。

6.发货

放行出库发出的药品，经清点核对集中后，要及时办理交接手续。在装货过程中，要注意附带加盖企业药品出库专用章原印章的随货同行单（票）联。要货单位自取药品，由保管人员根据凭证所列药品数量，向收货人逐一点交；由企业负责运送的药品，要向押运人员交代清楚物资情况和物资送到后应办的手续；由企业委托运输的药品，则应向承运单位办理托运手续，并将托运药品的数量、质量、承运单位、启运时间和运输方式等通知收货单位，及时收回回执单。在办理交接时，双方都应在凭证上签章，以明确责任。

（三）药品出库注意事项

1.有质量问题药品的出库复核

在药品出库复核与质量检查中，复核员如发现以下问题应立即停止发货，并按规定及时报企业质量管理部门处理，并做好相关记录：

①药品包装内有异常响动或液体渗漏；

②外包装出现破损、封口不牢、衬垫不实、封条严重损坏等现象；

③包装标识模糊不清或脱落；

④药品已超出有效期等。

2.特殊管理的药品的出库复核

特殊管理的药品必须在仓库指定区域内严格复核，严防发错，避免丢失。待运期间应摆放在特定的区域（区域应相对封闭），不得与其他药品混放。

麻醉药品、第一类精神药品、医疗用毒性药品以及爆炸品、剧毒品应实行双人收发货制度，必要时仓储部门有关负责人应亲自参与复核。第二类精神药品、蛋白同化制剂、肽类激素应是双人复核。

3.冷藏、冷冻药品的出库管理

冷藏、冷冻药品的装箱、装车等作业，应当由专人负责并符合以下条件：

①车载冷藏箱或者保温箱在使用前应当达到相应的温度要求；

②应当在冷藏环境下完成冷藏、冷冻药品的装箱、封箱工作；

③装车前应当检查冷藏车辆的启动、运行状态，达到规定温度后方可装车；

④启运时应当做好运输记录，内容包括运输工具和启运时间等。

二、直调药品的出库管理

直调药品是指已购进的药品不入本企业仓库，直接从供货单位发送到向本企业购买该药品的购货单位。

直调药品的方式分为"厂商直调"和"商商直调"两种。厂商直调即本企业将经营药品从药品生产厂家直接发运至药品购进单位的经营形式；商商直调即本企业将经营药品从药品经营企业直接发运至药品购进单位的经营形式。

（一）药品直调原则

第一，一般情况下不允许直调。

第二，在以下特殊情况下，由业务部申请、公司负责人批准后，方可进行直调。

①国家紧急调拨抵御自然灾害、医疗急救等特殊情况；

②客户紧急调货；

③客户购用药品批量大，为避免上下车中转，降低人力、物力、财力消耗；

④储运条件要求高，为避免路途重复运输，减少中转次数。

第三，直调药品的供货企业必须是列入本企业合格供货方目录的药品生产企业或药品批发企业。收货单位应是具备合法资格的药品生产、经营、使用单位。

（二）药品直调程序

1.直调申请

销售人员根据销售业务的需要，与药品采购人员协商并拟订供货单位后，提出药品直调申请，填制"直调药品申请表"，交业务部经理签署意见转质量管理部审核。质量管理部对供货单位质量信誉及直调品种进行审查并签署具体意见后，报总经理或质量负责人审批。需要注意的是，供货单位必须是经本企业确认的合格供货方，且近一年内无违规生产或经营记录及经销假劣药品的行为。首营企业或首营品种，不得进行药品直调的操作。购货单位必须是证照齐全的合法企业或单位。

2.直调采购

采购人员根据总经理或质量负责人批准的"直调药品申请表"所列供货单位和药品进行采购，并与供货单位签订明确双方质量责任的质量保证协议书。

3.直调出库

直调药品出库时，由供货单位开具 2 份随货同行单（票），分别发往购货企业和直调单位。随货同行单（票）除包括供货单位、生产厂商、药品的通用名称、剂型、规格、批号、数量、收货单位、收货地址、收货日期等内容外，还应包括直调企业名称，并加盖供货单位药品出库专用章原印章。

4.直调验收

采购人员应将具体到货时间及时通知质管部，由质管部安排到场验收，如果质管部不能派人到场验收，则应事先与接收单位签订药品直调委托验收协议，由委托单位验收并建立专门的直调药品验收记录，并完成药品电子监管码的扫码与数据上传。药品经验收合格后方可发货。

5.直调记录

业务部必须根据验收记录做好直调药品的购进记录和销售记录，如果是委托验收的，则应在验收当日向委托单位索取加盖其质管部印章的验收记录。记录应保存至超过药品有效期 1 年，但不得少于 3 年。

6.直调档案

建立药品直调档案，内容包括直调药品申请表、直调药品购销记录、直调药品验收记录、直调药品委托验收协议等。

第二节　药品的运输与配送管理

企业应遵照国家有关药品运输的规定，建立合理的药品运输管理制度，保障药品安全、及时地运达目的地。现行 GSP 对药品的运输管理制度、运输工具、运输设备作了相应规定，并对冷链药品运输、委托运输等提出了更高的要求，以确保药品运输质量的安全。

一、药品运输管理制度

（一）药品运输的原则

企业应制定药品运输质量管理制度，根据"及时、准确、安全、经济"的原则，执行运输操作规程，并采取有效措施保证运输过程中的药品质量安全。在药品运输的过程中，应注意以下几个方面：

①药品运输应在保障药品质量安全的前提下，综合考虑市场供应、运输路线、道路状况、运输工具、时间、环节、安全程度等因素，选择最合适的运输方案。

②企业要配备与经营规模相适应的，并符合药品质量要求的运输设备，如冷藏车、冷藏箱、冰袋、干冰等。

③药品运输过程中，必须保证各种手续齐全，凭证字迹清晰，单位相符，

交接完备，权责分明。

④药品运输过程中，要针对药品的包装条件及道路状况，采取相应措施，防止药品破损或混淆；对温度有要求的药品，需进行冷藏或保温处理。

⑤特殊管理的药品需根据国家相关规定执行，在运输过程中要有保障药品安全的措施。

（二）运输管理机构及职责

运输管理机构隶属于企业的仓储管理部门，是负责本企业药品运输的专业机构。企业应根据自己的实际经营状况，设立与业务规模相适应的运输管理机构。机构包括管理人员和业务人员两类。

运输管理人员，主要是指运输管理机构的负责人和该职能部门的工作人员。他们需要熟悉与国家交通运输有关的各项法律法规和方针政策，遵守交通管理法律法规以及本企业的经营管理制度，尤其是涉及药品质量责任的制度。在此基础上，他们的日常工作是组织本单位药品合理运输，编制运输计划，检查经营管理中存在的问题，按时报送所规定的各项经济指标、统计资料和运输过程中的质量情况，开展业务技术教育，加强经济核算，努力完成运输工作。

运输业务人员，主要是指参加药品运输业务的工作人员。这类业务人员又可分为内勤人员与外勤人员两类。内勤人员主要指在室内办理有关运输业务、计划统计、票据结算的工作人员。外勤人员主要是指组织运输货源、托运发货、接车收货、监装监卸、车站码头接单、理货等室外操作的人员。运输业务人员是药品运输的执行者，应对交通运输相关手续和规章了如指掌。

运输管理机构负责人、管理人员和业务员应分工科学、职责分明，切实保障运输药品的质量安全。

（三）药品运输工作

1.运输方式

运输方式的选择关系到药品运输的质量、成本及时间。运输方式主要有铁路、水路、公路和航空。铁路运输量大且速度快，连续性强，易于管理，运期比较准确；水路运输速度慢，药品在途时间长，资金周转期较长；公路运输机动灵活，速度快，装卸方便，但装容量较少，运费价格高，不适用于大批量的长途运输；航空运输成本较高，适合贵重商品或特殊情况下对抢险救灾等物品的运输。

2.药品运输的工具及设备

现行 GSP 规定，运输药品，应当根据药品的包装、质量特性并针对车况、道路、天气等因素，选用适宜的运输工具，采取相应措施防止出现破损、污染等问题。具体要求如下：

①运输药品应当使用封闭式货物运输工具。药品运输过程中，运载工具应当保持密闭，运输车厢要整体封闭，厢门上锁管理，防止药品暴晒、跌落、破损、遗失。运输工具应符合温湿度、卫生、安全等要求。

②对温度有控制要求的运输设备，需配置温湿度自动监测系统。常见的冷链运输设备有冷藏车、冷藏箱和保温箱等，其配置应符合国家标准。

冷藏车需具有自动调控温度、实时采集传送运输过程中的温湿度数据的功能，并具有远程及实时报警功能，可通过计算机读取和存储所记录的监测数据；车厢具有防水、密闭、耐腐蚀等性能，车厢内部留有保证气流充分循环的空间。

冷藏箱、保温箱应具有良好的保温性能，能够显示和采集箱体内温度数据。冷藏箱具有自动调控温度的功能，保温箱配备蓄冷剂以及与药品隔离的装置。常用的蓄冷剂有冰袋、冰盒或冰排、干冰等，运输过程中，药品不得直接接触蓄冷剂，以防对药品质量造成影响。

③企业应当对冷库、储运温湿度监测系统以及冷藏运输等设施设备进行使用前验证、定期验证及停用时间超过规定时限的验证。

④储存、运输设施设备的定期检查、清洁和维护应当由专人负责，并建立记录和档案。

3.运输工作程序

第一，选择运输路线及运输工具。首先，企业应综合研究药品的流向、运输线路条件、时间及费用，在药品能安全到达的前提下，选择最快、最好、最省的运输办法及路线，压缩待运期。其次，应根据药品的包装、质量特性、数量、路程、路况、储存温度要求、外部天气等情况选择合适的运输工具和装载方式。例如，大输液应采取防震措施，怕挤压品种应单独摆放或置于上层，冷藏、冷冻药品应采用冷藏车、冷藏箱、保温箱等运输工具，特殊管理药品运输应加锁、专人押运、悬挂警示标志等。

第二，发运前检查。药品发运前必须检查药品的名称、规格、单位、数量是否与随货同行单（票）相符，有无液体药品与固体药品合并装箱的情况，包装是否牢固和有无破漏，衬垫是否妥实，包装大小、质量等是否符合运输部门的规定。由生产企业直调药品的，须经本单位质量验收合格后才能发运，药品未经质量验收，不得发运。发运药品应单货同行，对于不能随货同行的单据，应附在银行托收单据内或于承运日邮寄给收货单位。

第三，填制运输单据。填制单据时，应做到字迹清楚，项目齐全，严禁在单据上乱签乱划，发运药品应按每个到站和每个收货单位分别填写运输交接单，也可用发货票的随货同行单联代替。拼装整车必须让各收货单位填写运输交接单，在药品包装上加明显区别标志。

第四，核对发运单。药品在装车前还须按发运单核对发送标志和药品标志有无错漏，件数有无差错，运输标志选用是否正确。

第五，办理交接手续。完成单据核对后，应办理运输交接手续，作出详细记录，并向运输部门有关人员讲清该批药品的搬运装卸注意事项。

第六，装车。搬运装卸药品应轻拿轻放，严格按照外包装图示要求堆放和采取保护措施。通常，药品包装多系玻璃容器，易碎，怕撞击、重压，故搬运装卸时必须轻拿轻放，防止重摔，液体药品不得倒置。如发现药品包装破损、污染或影响运输安全的，不得发运。

第七，发运。药品在运输途中和堆放站台时，还必须防止日晒雨淋，以免药品受潮湿、光、热的影响而变质。应定期检查药品发运情况，防止漏运、漏托、错托，保持单据完备。对有效期和规定发运期限的药品，单据上要有明显的标志。

二、冷链药品的运输管理

（一）基本概念

1. 冷链运输

冷链运输是指冷藏药品等温度敏感性药品，从生产企业成品库到使用前的整个储存、流通运输过程都必须处于规定的温度环境下。冷链运输方式可以是公路、水路、铁路或航空运输，也可以是多种运输方式组成的综合运输方式。

2. 冷藏药品

冷藏药品是指对药品储存、运输有冷处、冷冻等要求的药品。

3.冷处

冷处是指温度符合 2～10 ℃的贮藏运输条件，如冻干粉针剂。除另有规定外，生物制品如人血白蛋白、凝血酶冻干粉等，应在 2～8 ℃避光储藏、运输。

4.冷冻

冷冻是指温度符合－25～－10 ℃的储藏、运输条件。这类药品比较少见，如抗癌用的洛莫司汀胶囊和司莫司汀胶囊等。

5.控温系统

控温系统包括主动控温系统和被动控温系统。主动控温系统是指带有机电仪表元器件控制温度的设施设备，通过程序运行来调节、控制药品的储藏、运输温度。被动控温系统是指通过非机电式方法控制温度的设备，如保温箱等。

（二）冷链运输的温湿度监控管理

①冷藏车在使用前，应按规定对自动温度记录设备、温度自动监控及报警装置等进行验证，保持正常工作状态。

②冷库内温度自动监测布点应经过验证，符合药品冷藏要求。

③采用保温箱运输时，应根据保温箱的性能，在保温箱支持的、符合药品储藏条件的保温时间内送达。

④温度报警装置应能在临界状态下报警，应有专人及时处置，并做好温度超标报警情况记录。

⑤冷藏车在运输途中应使用自动监测、自动调控、自动记录及报警装置，在运输过程中进行温度的实时监测并记录，该监测数据可读取存档，数据应真实、完整、准确、有效，各测点数据通过网络自动传送，记录应当随药品移交收货方。

⑥制冷设备的启停温度设置：冷处应在 3～7 ℃，冷冻应在－3 ℃以下。

⑦冷藏药品应进行 24 小时连续自动的温度记录和监控，温度记录间隔时间不得超过 10 分钟，记录至少保存 5 年。

（三）冷藏药品运输管理

①装载冷链药品前，冷藏车、冷藏箱应预冷至规定的温度范围内。

②发货时应检查冷链运输、储存设备温度，并进行记录。采用冷藏箱、保温箱运输时，箱体上应注明储存条件、特殊注意事项或运输警示。

③采用冷藏车运输冷藏药品时，应根据冷藏车标准装载药品。

④应制定冷藏药品发运程序。发运程序内容包括出运前通知、出运方式、线路、联系人、异常处理方案等。

⑤出行前，运输人员应对冷藏车以及冷藏车的制冷设备、温度记录显示仪进行检查，确保所有的设施设备正常并符合温度要求。在运输药品过程中，运载工具应当保持密闭。

⑥采用冷藏车运输时，应至少有两个温度记录仪；采用冷藏（保温）箱运输时，每种规格的冷藏（保温）箱中至少放置一个温度记录仪。运输过程中，药品不得直接接触冰袋、冰排等蓄冷剂，防止对药品质量造成影响。

三、危险药品和特殊管理药品的运输管理

（一）危险药品的运输管理

危险药品除按一般药品运输的要求办理外，还必须严格遵守交通管理部门的各项规定，有符合国家标准的危险货物包装标志。自运化学危险物品时，必须持有公安部门核发的准运证。

①危险药品在发运前，应检查包装是否符合危险货物包装表的规定及品名表中的特殊要求，箱外有无危险货物包装标志，然后按规定办好托运、交付等工作。装车、装船时，应严格按照"危险货物配装表"规定的要求办理。

②危险药品在装卸过程中，不能摔碰、拖拉、摩擦、翻滚，搬运时要轻拿轻放，严防包装破损。对碰撞、互相接触容易引起燃烧、爆炸或造成其他危险的化学危险物品，以及化学性质或防护、灭火方法互相抵触的化学危险物品不得混合装运和违反配装限制。遇热、受潮容易燃烧、爆炸或产生有毒气体的化学危险物品，在装运时应当采取隔热、防潮措施。汽车运输必须按当地公安部门指定的路线、时间行驶，保持一定车距，严禁超速、超车和强行会车。

③在运输途中发生被盗、被抢、丢失的，承运单位应立即报告当地公安机关，并通知收货单位，收货单位应立即报告当地药品监督管理部门。

（二）特殊管理药品的运输管理

运输特殊药品的企业必须有特殊管理药品运输管理制度或规程，明确规定药品安全保证措施。特殊管理药品运输相关人员应通过专门的特殊管理药品法规、药品知识和安全知识的培训，取得相应的岗位证书和资质证书。

发运特殊管理的药品必须按照《麻醉药品和精神药品管理条例》《麻醉药品和精神药品运输管理办法》《放射性药品管理办法》《医疗用毒性药品管理办法》《药品类易制毒化学品管理办法》《易制毒化学品管理条例》《危险化学品安全管理条例》等规定办理，使用封闭车辆专人专运，中途不停车，并采取安全保障措施。防止麻醉药品和精神药品在运输途中被盗、被抢、丢失，应尽量采用集装箱或快件方式，尽可能直达运输，减少中转环节。

运输特殊药品时，应按国家规定进行，如加锁、专人押运、悬挂警示标志等，防止丢失、损毁、被盗抢、替换。必须凭国家签发的运输执照办理运输手续，如有必要，企业应根据有关规定派足够的人员押运。

托运或者自行运输麻醉药品和第一类精神药品的单位，应当向所在地省级药品监督管理局申请领取运输证明。运输易制毒化学品应按相关规定申请运输许可证或者进行备案。

四、委托运输管理

（一）委托运输要求

针对第三方委托运输，GSP要求委托方考查承运方的运输能力和质量保障能力，签订明确质量责任的委托协议，并要求通过记录实现运输过程的质量追踪。这能够强化企业质量责任意识，提高药品质量风险控制能力。

1.承运单位审核

企业委托第三方运输药品时，应当事先对承运方的运输设备、质量保障能力、人员资质和条件进行审核，符合要求的方可委托。通过外部审计，无承运能力的，不得委托。

对承运方审核的内容包括相关资质证照（药品运输经营许可证、营业执照、组织机构代码证、税务登记证等，运输特殊管理药品的应取得国家规定的相关运输资质证明）、质量管理（组织机构、管理制度、应急机制）、运输设施设备（车辆数量、类别、车况、保险）、运输人员（身份证、驾驶证、健康、培训）等。

2.委托运输协议

企业委托药品运输应当与承运方签订运输协议，明确药品质量责任、运输操作规程以及在途时限等。协议中必须规定合理的运输时限，防止长时间运输对药品质量产生影响。《药品委托运输服务协议》应对运输工具、运输时限、提货送达地点、操作人员等进行要求，并明确赔偿责任和赔偿金额。

3.委托运输记录

企业委托运输药品应当有记录，实现运输过程的质量追溯。记录至少包括发货时间、发货地址、收货单位、收货地址、货单号、药品件数、运输方式、委托经办人、承运单位。采用车辆运输的还应载明车牌号，并留存驾驶人员的驾驶证复印件。记录应当至少保存5年。

4.运输监督

委托运输的，企业应当要求并监督承运方严格履行委托运输协议，防止因在途时间过长影响药品质量。同时，应在委托协议中明确药品时限超期的责任。药品运输记录中的发货时间、送达时间应符合制度或协议的时限规定。

（二）特殊药品的委托运输

托运（包括邮寄）麻醉药品、精神药品，应在货物运单上写明具体名称，并由发货人在记事栏内加盖麻醉药品或精神药品专用章；缩短在车站、码头、现场的存放时间；铁路运输不得使用敞车，水路运输不得配装舱面，公路运输应当覆盖严密，捆扎牢固。运输途中如有丢失，应协助承运单位认真查找，并立即报当地公安机关和药品监督管理部门。

第九章 药品质量管理体系与质量风险管理

第一节 药品质量管理体系

药品作为一种特殊商品，其质量不仅影响药品的疗效，也影响患者的健康和生命安全。药品生产企业按照法定的标准组织药品生产，经检验合格后出厂。药品经营企业（包括药品批发企业和药品零售企业）是药品从生产企业到医疗机构、患者之间的桥梁，承担着药品的物流服务。在药品流通过程中，药品质量会受到各种因素的影响，保证药品在流通中的质量，是药品经营企业的首要责任。为了保证药品质量，药品经营企业应持续开展质量管理活动。要实现质量管理目标，有效开展质量管理活动，就必须建立质量管理体系。

一、药品质量管理体系概述

现行 GSP 第五条规定，企业应当依据有关法律法规及本规范的要求建立质量管理体系，确定质量方针，制定质量管理体系文件，开展质量策划、质量控制、质量保证、质量改进和质量风险管理等活动。质量管理体系这一术语来源于 ISO（国际标准化组织）9000 标准，质量管理指在质量方面指挥和控制组织的协调活动，质量管理体系指在质量方面指挥和控制组织的管理体系。建立质量管理体系是药品经营企业实施药品经营质量管理的基本要求。企业通过建立质量管理体系，组织开展药品质量管理活动，解决药品经营中的质量管理问题，来确保经营药品的质量。

二、质量管理体系要素

现行 GSP 规定，企业质量管理体系应当与其经营范围和规模相适应，包括组织机构、人员、设施设备、质量管理体系文件及相应的计算机系统等。

（一）组织机构

组织机构是构筑质量管理体系的框架，是对企业质量管理职责、权限和相互关系的安排，具体表现为企业组织机构的设置和权限的划分。现行 GSP 要求必须设置的组织机构有质量管理（含验收组或验收员）、采购、销售、储运（含养护组或养护员）等部门，同时还必须设置财务、人事等部门。企业组织机构设置因经营规模不同而不同。

（二）人员

人员是药品质量管理体系中的人力资源，也是质量管理活动中最活跃的要素。现行 GSP 要求配备的人员有企业负责人、企业质量负责人、质量管理人员，以及药品购进、收货、验收、储存、养护、销售等人员。相关人员均应符合现行 GSP 的要求。

（三）设施设备

设施设备是药品经营质量管理体系的物质资源，也是企业依法开展经营活动的硬件基础和物质保障。现行 GSP 要求配备的设施设备有与经营规模相适应的营业场所、辅助办公用房及办公设备、符合不同药品储存要求的仓储设施，以及维护仓储设施达到规定标准的各种设备等。

（四）质量管理体系文件

质量管理体系文件是药品质量管理体系的软件资源，包括质量管理制度、部门及岗位职责、操作规程、档案、报告、记录和凭证等。制度文件是质量管理活动的准则和依据。记录是质量管理活动和质量管理体系运行的证据。

（五）计算机系统

计算机系统是企业从事药品经营活动和质量管理活动的物质载体，由硬件和软件组成，能完成企业经营、管理及质量控制。计算机系统因软件设计公司不同而有不同的系统，企业应根据自身的经营规模、经营类型选取不同的计算机系统。

三、质量管理活动

质量管理以质量管理体系为载体，企业通过确定质量方针、质量目标，进行质量策划，实施质量控制、质量保证，开展质量改进活动。

（一）质量方针

现行 GSP 第六条规定，企业制定的质量方针文件应当明确企业总的质量目标和要求，并贯彻到药品经营活动的全过程。

企业的质量方针是由企业的最高管理者（董事长或总经理）以正式文件发布的企业总的质量宗旨和方向，是企业管理者对质量的承诺。质量方针是企业的行动纲领，指导质量管理体系的建立，质量目标的分解、组织机构的设置、过程的管理、资源的分配等都要在质量方针这个大框架下进行。质量方针是检验质量管理体系运行的标准。制定质量方针的要求：①与企业总的经营方针或经营理念相协调；②结合企业的经营特点；③确保各级管理者都能理解和坚持执行；④高度概括的同时具有强烈的号召力。

（二）质量目标

质量目标是企业在质量方面追求的目标。它是依据企业的质量方针制定的，是质量方针的具体展开。企业总的质量目标在质量方针文件中加以明确，再由质量管理机构组织各相关职能部门对总质量目标进行逐级分解，分别制定各部门的质量目标，形成自上而下展开、自下而上逐级保证的系统。

质量目标是质量管理追求的目标，在制定时要尽可能科学、全面、严密，有针对性。制定质量目标应注意：①根据企业中长期发展规划，分析经营目的后确定；②能具体指出目标和实施方法；③把国家有关法律法规与企业经营实际紧密结合；④质量目标尽可能量化，以便于评价。

（三）质量策划

质量管理工作只有经过策划，才有明确的对象和目标，才有切实可行的措施和方法。质量策划的结果是明确质量目标，明确为达到质量目标应采取的措施；明确经营应提供的必要条件，包括人员、资源等；明确各岗位、人员的职责等。质量策划的结果可以用质量管理计划、质量管理文件等加以表达。

（四）质量控制

质量控制是指为达到质量要求而实施的活动，其目的是监控质量形成过程，消除所有影响药品质量的不利因素。在药品经营过程中，质量控制活动主要是现场管理，是为保证药品质量而采取的技术措施和管理措施。药品验收、养护、出库、复核从属于质量控制。

（五）质量保证

质量保证是指为确信能满足质量要求，而在质量体系中实施并根据需要进行证实的全部有计划、有系统的活动。质量保证的关键是提供信任，即向顾客和其他相关方证实企业有能力达到质量要求。质量保证的方法有合同、质量保证协议、质量体系认证等。

（六）质量改进

质量改进重在消除系统性问题。质量改进贯穿于全部与质量有关的活动中，相较于质量控制、质量保证，质量改进是增强满足质量要求的能力。质量改进是主动采取措施，使质量在原有的基础上有所提高，而质量控制是维持现有的质量水平。两者既有区别，又有联系，质量控制是质量改进的前提，质量改进是质量控制的发展方向。

在药品经营企业内，质量改进往往是在质量管理部门的组织下，通过对照国家对药品管理的相关要求，对各经营环节开展检查，发现在质量管理方面存在的不符合要求的问题,并提出整改意见,然后检查整改效果,达到自查自纠、不断提高质量管理水平的目的。

四、质量管理体系内审

(一)内审概述

现行 GSP 第八条规定,企业应当定期以及在质量管理体系关键要素发生重大变化时,组织开展内审。

质量管理体系内审是药品经营企业按照规定的时间、程序和标准,对企业质量管理体系进行全面检查与评价,以核实企业质量管理工作开展的充分性、适应性和有效性,从而不断改进质量管理工作,防范质量风险,确保药品经营质量。内审是企业建立质量管理控制机制的内部动力,而 GSP 认证是外部动力。建立健全内审机制,是提升企业质量管理水平的有效途径。

内审分为定期内审和不定期内审,后者也称为专项内审。定期内审是指企业定期组织的内审,一般每年一次;不定期内审是指当企业质量管理体系关键要素,包括组织机构、人员、设施设备、质量管理体系文件以及相应的计算机系统发生重大变化时,组织开展的内审。

质量管理体系内审在企业质量负责人的领导下开展,由质量管理部门组织实施,其他与药品质量相关的部门如业务部门、储运部门共同参与完成。

开展内审前,由质量管理部门编制质量管理体系内审计划和方案,报企业质量负责人批准后实施。内审的主要内容:①质量管理机构及相应岗位人员配备情况;②工作职责、管理制度、操作规程的落实情况;③药品购销过程管理,包括购进、收货与验收、储存与养护、销售与出库、运输等情况;④设施设备管理,包括营业场所、仓储设施、储运与温控设施设备情况；⑤计算机系统运行情况。

(二)质量管理体系内审步骤

质量管理体系内审一般分为审核准备—现场审核—形成审核报告—纠正措施跟踪四个步骤。

1.审核准备

(1)制订内审计划和内审方案

企业在内审前，质量管理部门应当制订内审计划和方案，内容包括审核的目的、依据、小组成员、形式、时间等。而内审方案是在内审计划的基础上进一步细化的结果。

①审核目的

验证公司内部质量管理体系运行情况是否符合 GSP 及质量管理体系文件要求，为改进质量管理体系提供依据。

②审核依据

现行 GSP 验收条款、公司质量管理体系文件是审核的依据。

③审核小组成员

内审工作是由企业内部的审核员完成的，因此在编制计划时，必须确定多名审核员并组成审核小组，任命一名组长负责内审工作。为保证内审工作的客观、公正，内审小组组长和审核员应具备一定的素质。

审核小组组长应当具有一定的审核知识与技能，熟悉质量管理体系和过程，并拥有丰富的质量管理经验。因此，内审小组组长一般由企业质量负责人担任。

组长的职责：审核批准内审计划、内审方案、内审报告；指导审核组成员工作；主持首、末次会议；控制和协调审核活动，包括组织审核组内部沟通和解决审核过程中发生的问题。

审核员应当熟悉 GSP 相关规定和企业质量管理体系相关文件；熟悉企业质量管理要求和经营管理环节；有较强原则性，能够认真、客观、公正评审。

审核员的职责：有效策划、分配审核活动，参与第一次和最后一次会议，高效地完成分配的审核任务。

④审核形式

审核的形式一般为现场审核，通过查资料、查各项管理记录、提问等方式，获取是否符合 GSP 规定的证据，得出符合项目或不符合项目（缺陷项目）的评价。

⑤审核时间

计划明确在何时开展内审工作，而方案则要细化到首次会议时间、现场评审时间、末次会议时间。

内审计划和方案完成后报企业质量负责人批准后实施。

（2）准备工作文件

在实施内审前，需准备内审的工作文件，包括"质量管理体系内审检查表"和"不合格项目报告"。检查表一般依据 GSP 验收条款制作。

对检查结果中的不符合项目，内审小组应出具"不合格项目报告"。

2.现场审核

现场审核一般包括组织首次会议、进行审核、形成审核结论、组织末次会议四项。

（1）组织首次会议

首次会议由审核组长主持，是审核小组进入现场开始审核时，与受审核方管理者即各职能部门的负责人进行正式沟通的会议。会议的目的是公布审核的计划，简单介绍审核工作的步骤、程序和方法，会议时间大约 30 分钟。参会

第九章 药品质量管理体系与质量风险管理

人员应签到，签到表留存备查。

（2）进行审核

依据 GSP 条款，对审核对象运行情况进行逐条检查，寻找符合与不符合标准的证据。不管是符合的还是不符合的，都要把有关过程的证据记录下来，如果不符合要开具不符合报告，只有符合标准的证据多，才能证明这个体系运行良好。

①审核应坚持的原则

确保审核的客观性、独立性和公正性，对实施有效的审核是至关重要的，也是现场审核应遵循的基本原则。同时，审核部门的负责人如果是审核小组成员，审核时应当回避。

首先，坚持审核的客观性。收集基于事实的客观证据，不应包含审核员个人的主观猜想、推测；客观证据应是有效的，是可验证的；以客观证据为评价和判断不符合项的依据，不能凭感觉和印象。

其次，坚持审核的独立性、公正性。用审核准则对照已收集的客观证据，作出公正的评价和判断；不受外界因素的影响，排除各种干扰，独立进行。

②收集和验证信息，获得审核证据

在现场审核过程中，审核组需确定充分、适宜的信息源，并对这些信息进行验证，从而获得审核证据。只有能够被证实的信息才能作为审核证据。

③记录审核证据

审核员应将获得的审核证据进行记录，记录时应注意以下几个方面：

第一，记录的内容可包括审核时间、地点、部门，观察到的事实，查阅的文件、凭证材料等。

第二，记录的审核证据应全面反映审核的情况。不应只记录有问题的信息，也应记录审核中能够证实受审核方质量管理体系有效运行的信息，特别是主要过程和关键活动的信息,并能为审核报告中相应的评价提供依据。

第三,对于审核中发现有问题的信息,审核员应确保记录反映的不符合事实的主要情节清楚(包括实现可追溯性的必要信息,如时间、地点、涉及的文件等),然后由审核小组出具"不合格项目报告",交给被审核部门。

第四,记录的信息应清楚、准确、具体,因为只有完整、准确的信息才能作为审核的依据。

(3)形成审核结论

审核组在汇总分析所有审核证据的基础上,对质量管理体系运行的有效性进行评价,形成审核结论,出具质量管理体系内审报告,报企业质量负责人批准。

(4)组织末次会议

末次会议由审核组长主持,是审核小组结束现场审核,经汇总分析,形成内审结果后与各职能部门的负责人进行正式沟通的会议。其内容有:重申审核的目的、依据;简要介绍审核的过程、涉及的部门等;评价受审核方符合要求的情况,指出主要业绩;宣读或说明不符合项;说明审核抽样的局限性,强调举一反三;对不符合项提出纠正措施;宣布审核结论;宣布会议结束。

参会人员应签到,签到表留存备查。

3.形成审核报告

经过沟通后,审核小组对审核情况进行汇总,形成审核报告,报告的内容包括审核目的,审核范围,审核依据,标准、体系文件,审核的起止日期,审核组名单,审核过程、涉及的部门及要求,对不符合项的分析和说明,审核结论。形成内审报告后,报企业质量负责人批准。

4.纠正措施跟踪

现行 GSP 第九条规定,企业应当对内审的情况进行分析,依据分析结论制定相应的质量管理体系改进措施，不断提高质量控制水平，保证质量管理体系持续有效运行。

本条要求企业对内审结果进行分析，内审中发现的不合格项目，由相应部门制定改进措施，以保证质量管理体系持续有效运行。部门改进措施包括不合格项目内容、整改措施、责任人、整改期限、整改结果（整改完成后，由审核小组成员对整改完成情况进行检查和评价，并记录）、内审记录归档。

内审中形成的计划、方案、标准、记录、文件、报告等材料及相关资料按照规定整理归档，为管理评审、外部评审及下次内审提供可追溯的依据。各职能部门保管好相关的内审记录，内审记录按照相关要求应至少保存 5 年。

第二节　药品质量风险管理

一、药品质量风险管理的重要概念

现行 GSP 第十条规定，企业应当采用前瞻或者回顾的方式，对药品流通过程中的质量风险进行评估、控制、沟通和审核。

该条款要求药品经营企业在经营过程中，对质量风险进行评估、控制、沟通和审核，以降低质量风险。质量风险管理就是指运用前瞻或回顾的方式对药品在整个流通过程中的质量风险进行识别、评估、控制、沟通和审核。

（一）前瞻方式

前瞻是指排查发现尚未发生质量事件（预期风险）的过程。通过对预先设定的质量风险因素的分析评估，确定该因素在药品流通过程中影响药品质量的风险程度。前瞻性研究注重对风险因素的牵连性、影响性、可发展性的把握，是对风险因素的本质（潜在性）的挖掘。

（二）回顾方式

回顾是指对已经发生的质量事件（风险已发生，并已控制）进行分析的过程。回顾方式是一种从"果"到"因"的研究方式。

（三）风险识别

风险识别指在风险事件发生之前或之后，认识所面临的各种风险，分析发生风险事件的潜在原因。风险识别是风险管理的首要环节。只有在全面了解各种风险的基础上，才能预测危险可能造成的危害，从而选择处理风险的有效手段。风险识别过程包含感知风险和分析风险两个环节。感知风险是风险识别的基础，分析风险是风险识别的关键。

（四）风险评估

风险评估是在充分掌握资料的基础上，采用合适的方法对已识别风险进行系统分析和研究，评估风险发生的可能性（概率），造成损失的范围和严重程度（严重性），为接下来选择适当的风险处理方法提供依据。

（五）风险控制

风险控制是指用可行的措施和方法，消灭或减少风险事件发生的各种可能性，或减少风险事件发生时造成的损失。在风险控制中，根据风险评估结果制定相应的风险管理措施，以将风险降低到零发生或可接受的水平。风险管理要着眼于风险控制，公司通常采用积极的措施来控制风险。控制风险最有效的方法就是制订切实可行的应急方案，编制多个备选方案，最大限度地对企业所面临的风险做好准备。当风险发生后，按照预先的方案实施，将损失降到最小。

（六）风险沟通

风险沟通指为了更好地理解风险、相关问题和决策，风险的管理者、评估者和其他参与者就风险及其相关因素进行交流的过程。通过对风险信息的沟通和共享，各方能够掌握更全面的信息，促进风险管理的实施。

（七）风险审核

风险审核指对已经识别、评估的质量风险以及制定的控制措施的有效性、合理性进行审核。

二、质量风险管理步骤

药品经营企业开展质量风险管理，首先应建立质量风险评估、控制、审核管理制度，明确质量风险管理的组织及责任、审核时间、评级方法等，结合质量体系审核结果，开展质量风险管理。风险管理一般分为风险管理准备、风险识别和评估、风险沟通、风险管理报告、风险审核五个步骤。

（一）风险管理准备

在开展风险管理前，企业质量管理部门应编制质量风险管理方案，方案的内容包括风险管理目的、范围、依据、小组成员、时间等。

1.风险管理目的

通过对质量风险的识别、评估和控制,达到降低风险、保障药品质量的目的。

2.风险管理范围

对质量管理体系各要素,如质量管理机构及相应岗位人员配备情况,工作职责、管理制度、操作规程的落实情况,药品购销过程中可能存在的质量风险等进行风险管理。

3.风险管理依据

现行GSP验收条款、公司质量管理体系文件是风险管理的依据。

4.小组成员

风险管理工作小组可以由企业内部的质量管理体系审核员组成,并任命一名组长负责风险管理工作。一般由公司质量负责人担任组长,提供风险管理所需资源,批准质量风险管理方案和质量风险评估报告。

5.时间

即质量管理方案明确的开展风险管理的具体时间。

(二)风险识别、评估

风险管理小组对照现行GSP条款和公司质量管理制度,分析识别各环节可能存在的影响药品质量的风险因素,系统地利用各种信息和经验来确认软件系统、设施设备、经营等过程中存在的质量风险,并进行级别划分。根据质量风险发生的可能性和危害程度,对质量风险进行评级。评级方法有多种:

① 根据风险发生的可能性进行评级，具体见表 9-1。

表 9-1　根据风险发生的可能性进行评级

严重程度	频率
低（1）	稀少（每 5 年及以上一次）
中（2）	可能发生（每 1～5 年一次）
高（3）	经常发生（每几个月一次）

② 根据风险发生的危害程度进行评级，具体见表 9-2。

表 9-2　根据风险发生的危害程度进行评级

严重程度	危害程度
低（1）	可忽略
中（2）	中等（可接受）
高（3）	严重（不可接受）

③ 确定风险级别。

根据风险发生的可能性和危害程度，用风险指数矩阵图（风险等级表）来综合评价风险的等级（见表 9-3）。

表 9-3　风险指数矩阵图

严重程度	风险指数		
	低（1）	中（2）	高（3）
低（1）	1 低	2 低	3 中
中（2）	2 低	4 中	6 高
高（3）	3 中	6 高	9 高

注：1～2 为低级风险，3～4 为中级风险，6～9 为高级风险。

对经营各环节可能存在的质量风险分析评级后，风险管理小组要采取相应的控制措施，使质量风险降到可以接受的程度。

（三）风险沟通

风险管理小组分析讨论各环节可能存在的不同级别质量风险，提出要采取的质量风险控制措施，并与各部门沟通，促使风险控制措施落地。

（四）风险管理报告

风险管理小组对质量风险进行识别、评估，提出控制措施，并进行充分沟通后，最终形成质量风险管理报告。

（五）风险审核

质量风险报告应报公司质量负责人审核、批准、实施。

三、风险评估方法

第一，风险确认，确认可能影响药品质量或者数据完整性的风险。

第二，风险判定，包括评估先前确认风险的后果。

第三，测定严重程度（S），测定发生风险的潜在后果，主要是可能影响药品质量、患者健康和数据完整性。

严重程度分4个等级，如表9-4所示：

表9-4 严重程度等级

严重程度	描述
关键4	直接影响药品质量要素或质量数据的完整性、可靠性、可跟踪性。此风险可导致药品不能使用
高3	直接影响药品质量要素或质量数据的完整性、可靠性、可跟踪性。此风险可导致药品被召回或退回

续表

严重程度	描述
中 2	尽管不存在对药品或数据的相关影响,但仍间接影响药品质量要素或质量数据的可靠性、完整性或可跟踪性。此风险可能造成资源的极度浪费或对企业形象产生较坏影响
低 1	尽管此类风险不对药品或数据产生最终影响,但对药品质量要素或质量数据的可靠性、完整性或可跟踪性仍产生较小影响

第四,可能性(P),主要测定风险发生的可能性。根据积累的经验、经营管理流程或风险管理小组提供的其他目标数据,可获得发生风险的可能性的数值。为建立统一基线,建立表9-5所示的等级。

表9-5 可能性程度等级

可能性	描述
低(1)	发生的可能性极低
中(2)	很少发生
高(3)	偶尔发生
极高(4)	极易发生

第五,可检测性(D),即在潜在风险造成危害前,检测发现的可能性,具体见表9-6。

表9-6 可检测性等级

可检测性	描述
极低(4)	不存在能够检测到错误的机制
低(3)	通过周期性手动控制可检测到错误
中(2)	通过应用于每批的常规手动控制或分析可检测到错误
高(1)	自动控制装置到位,监测错误或错误明显

第六，RPN（风险优先系数）计算，将各不相同的因素相乘，可获得风险系数（RPN＝S×P×D）。

当RPN＞16或严重程度=4时，为高风险水平。高风险水平为不可接受风险水平，必须尽快采取控制措施，通过提高可检测性和降低风险发生的可能性来降低最终风险水平。验证应先集中于确认已采用的控制措施并持续执行。

当8＜RPN≤16时，为中等风险水平，此时要采取控制措施，通过提高可检测性和降低风险发生的可能性来降低最终风险水平。可采用编制规程或提高技术等措施，但均应经过验证。

当RPN≤8时，为低风险水平。低风险水平为可接受水平，此时无须采取额外的控制措施。但要有一定的控制措施防止风险进一步升高。

四、质量风险管理流程

药品的质量风险管理流程如图9-1所示。

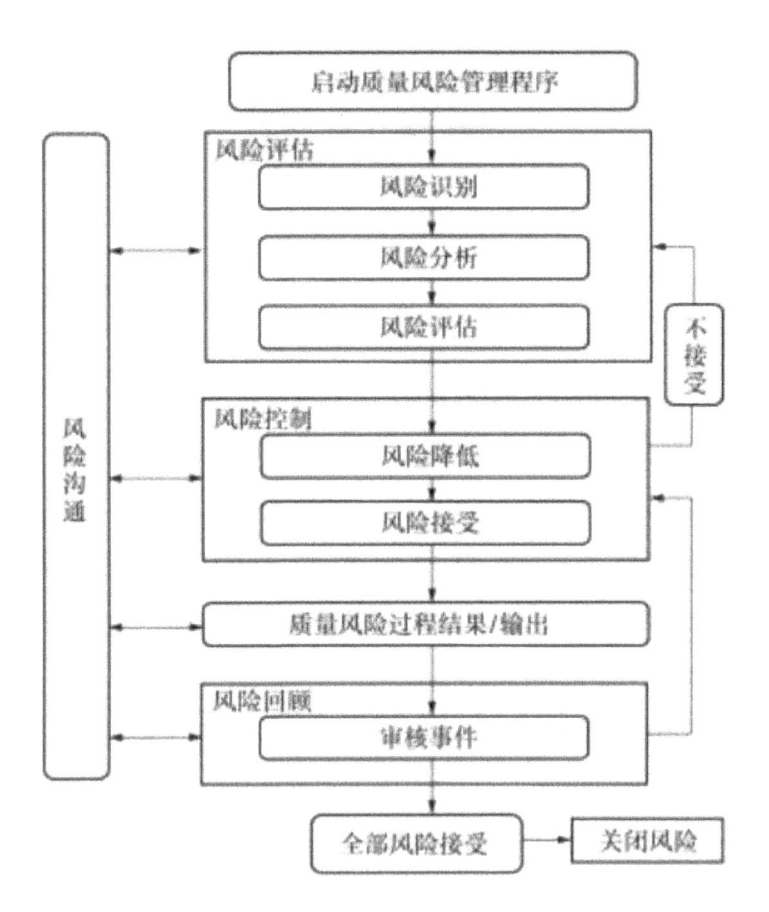

图 9-1 药品质量风险管理流程图

参 考 文 献

[1] 戴波.药品经营质量管理规范实训教程[M].北京：中国医药科技出版社，2018.

[2] 方应权.中药化学技术[M].北京：中国中医药出版社，2018.

[3] 李芬，卢立娟，胡德声.产品质量检验与品质分析[M].北京：冶金工业出版社，2021.

[4] 李洪.药品生产质量管理[M].3版.北京：人民卫生出版社，2018.

[5] 李忠文.药物制剂技术专业综合技能训练[M].北京：中国医药科技出版社，2019.

[6] 梁毅.药品经营质量管理：GSP 实务[M].北京：中国医药科技出版社，2019.

[7] 刘伟强.药品生产质量管理工程[M].北京：国家图书馆出版社，2020.

[8] 刘竺云，王立中.药品生产质量管理[M].镇江：江苏大学出版社，2018.

[9] 栾淑华.药物制剂技术[M].3版.北京：科学出版社，2021.

[10] 罗晓燕，李晓东.药品生产质量管理教程[M].北京：化学工业出版社，2020.

[11] 宋敏.药物分析实验与指导[M].北京：中国医药科技出版社，2020.

[12] 孙莹，刘燕.药物分析[M].3版.北京：人民卫生出版社，2018.

[13] 万春艳，孙美华.药品生产质量管理规范（GMP）实用教程[M].北京：化学工业出版社，2020.

[14] 万春艳.药品经营质量管理规范（GSP）实用教程[M].3版.北京：化学工业出版社，2018.

[15] 王恒通，王桂芳.药厂GMP应知应会[M].北京：中国医药科技出版社，2019.

[16] 王兴鹏.现代医院SPD管理实践[M].上海：上海科学技术出版社，2019.

[17] 王艳秋.药物分析基础[M].3版.北京：科学出版社，2021.

[18] 卫亚丽.药物分析实训教程[M].北京：知识产权出版社，2020.

[19] 吴正红，周建平.工业药剂学[M].北京：化学工业出版社，2021.

[20] 宿凌.药事管理与法规[M].北京：中国医药科技出版社，2020.

[21] 徐宁，纪海英.药品质量管理统计技术[M].北京：中国医药科技出版社，2019.

[22] 姚再荣.药事管理与药剂学应用[M].北京：中国纺织出版社，2020.

[23] 于海平.药学概论[M].北京：中国医药科技出版社，2019.

[24] 翟铁伟，宋航.药品生产质量管理[M].北京：科学出版社，2019.

[25] 张昌文.中药炮制技术[M].2版.北京：中国中医药出版社，2018.

[26] 张慧梅，刘艺萍，刘应杰.药品生产质量管理实训[M].北京：中国医药科技出版社，2018.

[27] 张娟.药品管理与质量控制[M].北京：科学技术文献出版社，2018.

[28] 张伟，董江萍.制药配液风险控制相关技术考虑要点[M].北京：中国医药科技出版社，2020.

[29] 赵汉臣，喻维新，张晓东.药师手册[M].北京：中国医药科技出版社，2019.

[30] 郑一美.药品质量管理技术GMP教程[M].2版.北京：化学工业出版社，2019.

[31] 郑义.药品质量检测技术[M].北京：中国农业出版社，2020.

[32] 周小雅.药品生产质量管理[M].郑州：河南科学技术出版社，2019.